Maîtrisez l'Art de l'Investigation Numérique

PRINCIPES, MÉTHODOLOGIES ET OUTILS POUR L'INVESTIGATION EN SOURCE OUVERTE

TABLE DES MATIÈRES

INTRODUCTION

Alors que nous atteignons la fin de ce guide stratégique sur l'OSINT, il est évident que l'investigation en source ouverte s'est imposée comme un pilier essentiel dans le domaine de la sécurité et de l'analyse de l'information. Les principes et méthodologies présentés dans cet ouvrage visent à fournir aux analystes des outils robustes pour naviguer dans l'océan d'informations disponibles, tout en maintenant une rigueur intellectuelle et une éthique professionnelle nécessaires à toute investigation sérieuse.

L'OSINT ne se contente pas d'être une simple collecte de données, mais se transforme en un processus dynamique d'analyse et de vérification, où chaque information est scrutée pour sa pertinence et son authenticité. Cette discipline requiert une adaptation constante face aux évolutions technologiques et aux nouvelles menaces qui émergent dans le cyberespace. Les analystes doivent donc développer non seulement des compétences techniques, mais aussi une compréhension profonde des comportements humains et des motivations qui se cachent derrière les données numériques.

Dans ce contexte, l'importance de l'intelligence artificielle et de l'automatisation se fait sentir, offrant de nouvelles perspectives pour l'anticipation des menaces et l'amélioration de l'efficacité des enquêtes. Cependant, l'innovation ne doit pas faire oublier l'importance du facteur humain, qui reste à la base de toute analyse critique et décision éclairée.

Ce guide encourage les futurs experts OSINT à cultiver une curiosité insatiable et un esprit analytique affûté, tout en restant vigilants face aux défis éthiques et légaux que pose l'exploitation des données ouvertes. En fin de compte, ce n'est qu'à travers une approche équilibrée entre technologie et humanisme que l'OSINT pourra pleinement réaliser son potentiel en tant qu'outil de connaissance et de protection.

Chapitre 1: Fondements et Cadre de l'Analyse OSINT

Comprendre l'OSINT

L'OSINT, ou Open Source Intelligence, représente une ressource cruciale dans le monde de l'investigation moderne. Il s'agit d'une méthode d'analyse qui s'appuie sur des informations accessibles au public pour obtenir des renseignements stratégiques. Cette approche se distingue des autres formes de renseignement telles que le HUMINT (Human Intelligence) ou le SIGINT (Signals Intelligence), en se concentrant exclusivement sur les données disponibles publiquement. L'importance stratégique de l'OSINT réside dans sa capacité à fournir des informations pertinentes sans nécessiter de moyens intrusifs ou illégaux. Les analystes peuvent ainsi accéder à une mine d'informations à partir de sources variées telles que les réseaux sociaux, les bases de données publiques, et les médias en ligne.

Historiquement, l'OSINT a été intégré dans les opérations des agences gouvernementales pour compléter d'autres méthodes de renseignement. Son développement a été soutenu par l'évolution technologique et la prolifération des données numériques. Les agences de sécurité nationale et les forces de l'ordre ont adopté l'OSINT pour renforcer leur capacité à identifier et anticiper les menaces potentielles. Grâce à l'OSINT, il est possible de détecter des comportements suspects, d'établir des liens entre différents acteurs, et de cartographier des réseaux d'influence.

L'une des forces de l'OSINT réside dans sa flexibilité et sa capacité d'adaptation à divers contextes opérationnels. Cependant, pour être efficace, il nécessite une compréhension approfondie des outils et des techniques d'analyse. Les analystes doivent être formés à l'utilisation de logiciels spécialisés qui permettent de traiter et d'interpréter les données recueillies. Des outils comme Maltego facilitent l'établissement de connexions invisibles à première vue, en reliant des individus, des organisations, et des événements à travers des données en sources ouvertes.

L'OSINT est également devenu un élément clé dans la lutte contre la cybercriminalité. Les traces numériques laissées par les individus, qu'elles soient volontaires ou involontaires, peuvent être exploitées pour anticiper les actions criminelles. La collecte de données OSINT permet non seulement de réagir à des incidents, mais aussi de prévenir des menaces avant qu'elles ne se matérialisent.

Ainsi, l'OSINT est plus qu'une simple technique d'enquête; c'est un pilier de la stratégie de sécurité moderne. En comprenant ses principes fondamentaux et en maîtrisant ses outils, les analystes peuvent transformer des données brutes en renseignements exploitables, renforçant ainsi la sécurité et l'efficacité des opérations de renseignement.

Architecture d'une Cellule OSINT

Dans une cellule OSINT, l'organisation joue un rôle crucial pour garantir l'efficacité et la précision des analyses. Les analystes, au cœur de cette structure, doivent posséder une compréhension approfondie des différentes disciplines impliquées, car l'intelligence en sources ouvertes s'étend bien au-delà de la simple collecte de données. Elle nécessite une approche interdisciplinaire qui intègre des éléments de la cybersécurité, de l'analyse comportementale et des méthodes de renseignement traditionnelles.

La structuration d'une cellule OSINT commence par la définition claire des rôles et des responsabilités de chaque membre. Chaque analyste se spécialise dans un domaine particulier, tel que l'analyse des réseaux sociaux, l'exploration du dark web, ou la surveillance des tendances numériques. Cette spécialisation permet une répartition efficace des tâches et assure que chaque aspect de l'investigation est couvert par un expert dédié.

Le développement d'une approche interdisciplinaire est également essentiel. Cela signifie que les analystes doivent collaborer étroitement avec des experts d'autres domaines pour enrichir leurs analyses. Par exemple, l'intégration de l'expertise en cybersécurité permet d'identifier plus efficacement les menaces potentielles et de comprendre les implications techniques des données collectées. De même, l'analyse comportementale peut fournir des insights précieux sur les motivations et les intentions des acteurs suspects.

Le processus décisionnel au sein de la cellule OSINT doit être fluide et réactif. Les informations collectées sont souvent volatiles et peuvent perdre rapidement leur pertinence. Ainsi, la communication interne joue un rôle essentiel pour assurer que les données critiques sont partagées rapidement et efficacement entre les membres de l'équipe. Des réunions régulières et des briefings permettent de maintenir une vision commune des objectifs et des priorités de l'enquête.

En outre, la cellule OSINT doit être dotée d'outils technologiques avancés qui facilitent la collecte, l'analyse et la visualisation des données. Les plateformes d'analyse de données, les logiciels de cartographie des relations et les outils de scraping automatisé sont autant de ressources indispensables pour exploiter pleinement le potentiel des sources ouvertes. Ces technologies doivent être constamment mises à jour pour faire face aux nouvelles menaces et aux évolutions rapides du paysage numérique.

Enfin, la formation continue des analystes est cruciale pour maintenir un niveau élevé de compétence et d'adaptabilité. Les menaces et les techniques d'investigation évoluent constamment, et les analystes doivent être préparés à s'adapter à ces changements. Des ateliers, des séminaires et des exercices de simulation sont des moyens efficaces de renforcer les compétences et de se préparer aux défis futurs.

Ainsi, l'architecture d'une cellule OSINT repose sur une combinaison de spécialisation, de collaboration interdisciplinaire, de communication efficace, d'outillage technologique et de formation continue. Ces éléments s'articulent pour créer une structure capable de répondre aux exigences complexes de l'intelligence en sources ouvertes, garantissant une collecte et une analyse de données précises et pertinentes.

Différences entre OSINT et autres formes de renseignement

Dans le domaine du renseignement, l'OSINT se distingue par sa nature ouverte et accessible, contrastant avec d'autres formes de renseignement telles que le HUMINT (renseignement humain) ou le SIGINT (renseignement d'origine électromagnétique). L'OSINT s'appuie sur des sources d'information accessibles au public, telles que les publications en ligne, les réseaux sociaux, et les bases de données ouvertes. Cette accessibilité pose à la fois des avantages et des défis uniques.

L'une des principales différences réside dans l'acquisition des informations. Contrairement au HUMINT, qui nécessite des interactions humaines directes pour recueillir des renseignements, l'OSINT s'appuie sur l'analyse de données publiquement disponibles. Ce processus ne requiert pas la même proximité ou la même interaction personnelle, ce qui peut réduire certains risques liés à l'espionnage traditionnel, mais introduit des défis en matière de vérification et d'authenticité.

Le SIGINT, d'un autre côté, se concentre sur l'interception de communications électroniques, souvent nécessitant des capacités techniques avancées et un accès à des infrastructures spécifiques. L'OSINT, en revanche, est plus démocratique dans sa mise en œuvre, permettant à une variété d'agents, qu'ils soient gouvernementaux ou privés, d'accéder et d'analyser l'information de manière efficace sans nécessiter de ressources technologiques sophistiquées.

L'OSINT se caractérise également par sa rapidité et sa flexibilité. Les analystes peuvent réagir rapidement aux événements en temps réel, exploitant la nature instantanée de l'information en ligne. Cependant, cette rapidité s'accompagne du défi constant de la désinformation. La vérification des sources et la validation des données sont essentielles pour assurer la fiabilité des conclusions tirées.

En termes de coût, l'OSINT offre généralement une alternative plus économique comparée aux méthodes traditionnelles de renseignement. L'absence de besoin de matériel ou de personnel spécialisé réduit considérablement les dépenses. Pourtant, cet avantage économique doit être équilibré avec l'investissement nécessaire dans la formation des analystes pour qu'ils puissent naviguer efficacement dans l'immense quantité de données disponibles.

La nature ouverte de l'OSINT présente aussi des défis éthiques et légaux. Les lois sur la vie privée et la protection des données varient considérablement d'un pays à l'autre, et les analystes doivent être conscients des implications légales de leur collecte de données. Le respect de la législation est crucial pour éviter des répercussions juridiques potentielles.

Enfin, l'OSINT nécessite une approche interdisciplinaire. Les analystes doivent combiner des compétences en technologie, en analyse des médias sociaux, et en compréhension des contextes culturels et politiques pour interpréter correctement les données. Cette polyvalence est souvent moins requise dans d'autres formes de renseignement, où les rôles peuvent être plus spécialisés.

Ainsi, l'OSINT se positionne comme une méthode complémentaire, et non exclusive, dans le panorama du renseignement moderne, apportant une richesse de perspectives grâce à sa nature ouverte et accessible, tout en nécessitant une rigueur particulière pour naviguer dans ses complexités uniques.

Développement de l'OSINT dans les agences gouvernementales

Dans le contexte des agences gouvernementales, l'OSINT (Open Source Intelligence) a connu un développement significatif, s'imposant comme un outil indispensable pour la gestion de l'information et la prise de décision stratégique. Les agences ont progressivement intégré l'OSINT dans leurs processus pour améliorer la qualité et la rapidité de leurs analyses. Cette intégration s'est faite à travers plusieurs étapes clés, chacune apportant son lot de défis et d'opportunités.

Tout d'abord, la reconnaissance de l'importance de l'OSINT a poussé les agences à investir dans la formation de leurs personnels. Cette formation vise à doter les analystes des compétences nécessaires pour exploiter efficacement les sources ouvertes, tout en respectant les contraintes légales et éthiques. Les agents apprennent à naviguer dans un océan d'informations, à identifier les données pertinentes et à les analyser de manière critique pour en extraire des informations exploitables.

Ensuite, l'architecture des cellules OSINT au sein des agences a été repensée pour optimiser la collaboration et l'efficacité. Les équipes sont souvent composées d'experts provenant de divers domaines, tels que la cybersécurité, l'analyse de données et les sciences sociales, permettant ainsi une approche interdisciplinaire. Cette diversité de compétences est cruciale pour aborder les problématiques complexes et multidimensionnelles que les agences rencontrent.

Par ailleurs, le développement technologique a joué un rôle central dans l'évolution de l'OSINT. Les agences ont accès à une panoplie d'outils avancés qui facilitent la collecte, le traitement et l'analyse des données. Des logiciels spécialisés permettent de cartographier les relations entre différents acteurs, de détecter des tendances émergentes et d'anticiper des menaces potentielles. L'automatisation de certaines tâches permet également de gagner en efficacité, en libérant du temps pour les analyses stratégiques.

L'un des défis majeurs auxquels les agences font face est la gestion de la masse d'informations disponibles. La capacité à filtrer les informations pertinentes et à éviter les pièges de la désinformation est essentielle. Les analystes doivent faire preuve de discernement pour valider les sources et vérifier la fiabilité des informations obtenues. Cela nécessite des compétences en vérification des faits et une compréhension approfondie des méthodes de manipulation de l'information.

Enfin, le développement de l'OSINT dans les agences gouvernementales s'accompagne d'une réflexion sur l'éthique et la protection de la vie privée. Les agences doivent naviguer dans un cadre légal strict, assurant que leurs activités respectent les droits des individus tout en répondant aux besoins de sécurité nationale. Cela implique une sensibilisation continue aux enjeux éthiques et une adaptation des pratiques pour rester en conformité avec les lois en vigueur.

En somme, le développement de l'OSINT dans les agences gouvernementales est un processus dynamique, marqué par des avancées technologiques, des défis organisationnels et des considérations éthiques. Il s'agit d'un domaine en constante évolution, nécessitant une adaptation continue pour relever les défis de demain.

Importance stratégique de l'OSINT

Dans le monde contemporain, l'OSINT (Open Source Intelligence) se présente comme un outil incontournable dans la stratégie de renseignement. Il permet d'exploiter des informations accessibles au public pour élaborer des analyses approfondies et éclairées. Cette méthode s'appuie sur la collecte et l'analyse de données issues de sources variées telles que les médias sociaux, les publications académiques, les registres publics, et d'autres contenus en ligne. L'importance de l'OSINT réside principalement dans sa capacité à fournir des renseignements en temps réel, ce qui est crucial dans la prise de décisions stratégiques.

L'OSINT offre un avantage significatif par rapport à d'autres formes de renseignement en raison de sa nature ouverte et de sa capacité à être utilisé sans nécessiter d'autorisations spéciales ou de ressources internes coûteuses. Les analystes peuvent accéder à une multitude d'informations sans avoir à pénétrer des réseaux fermés ou à violer des lois sur la confidentialité. Cela rend l'OSINT non seulement légalement viable, mais aussi économiquement efficace.

Dans le contexte de la cybersécurité, l'OSINT joue un rôle crucial. Les entreprises et les agences gouvernementales l'utilisent pour identifier et anticiper les menaces potentielles. En surveillant les forums en ligne, les réseaux sociaux et d'autres plateformes numériques, les analystes peuvent détecter des signes avant-coureurs d'attaques ou de campagnes de désinformation. Cela permet une réaction rapide et appropriée face aux menaces émergentes.

L'OSINT est également essentiel pour comprendre les dynamiques sociales et politiques. Les informations recueillies peuvent aider à analyser les mouvements sociaux, les tendances politiques, et les opinions publiques. En période de crise, comme lors d'élections ou de manifestations, l'OSINT fournit des données précieuses pour évaluer la situation et formuler des réponses adaptées.

Cependant, l'utilisation de l'OSINT nécessite une approche méthodique et rigoureuse. Les analystes doivent être formés pour distinguer les informations pertinentes des bruits de fond, et pour interpréter correctement les données collectées. La vérification des sources est une étape cruciale pour assurer la fiabilité des informations. Des outils avancés et des techniques d'analyse de données, tels que le data mining et l'analyse de réseaux, renforcent l'efficacité de l'OSINT en permettant une exploration plus profonde des informations disponibles.

En somme, l'OSINT est un composant stratégique essentiel dans le domaine du renseignement moderne. Sa capacité à fournir des informations précises et opportunes à partir de sources ouvertes en fait un outil précieux pour les analystes, qui peuvent ainsi anticiper les menaces, influencer les décisions politiques, et améliorer la sécurité nationale. Avec l'évolution constante des technologies et de l'accès à l'information, l'OSINT continuera de jouer un rôle pivotal dans la stratégie de renseignement globale.

Chapitre 2: Collecte et Extraction de Données

Recherche et Acquisition d'Informations

Dans le cadre de l'analyse OSINT, la recherche et l'acquisition d'informations constituent une étape cruciale pour tout enquêteur cherchant à exploiter l'intelligence en sources ouvertes. Cette phase repose sur l'utilisation avancée de moteurs de recherche et de diverses techniques permettant d'extraire des données pertinentes. Parmi ces techniques, le Google Dorking se distingue par sa capacité à interroger le web de manière précise, en exploitant les failles d'indexation pour accéder à des informations non visibles par une recherche classique.

L'indexation cachée, quant à elle, offre une opportunité unique d'explorer des bases de données ouvertes, souvent laissées de côté par les moteurs de recherche traditionnels. Ces bases de données regorgent d'informations potentiellement critiques pour l'analyse OSINT, allant des registres publics aux archives numériques. Exploiter ces ressources nécessite non seulement une connaissance technique, mais également une compréhension approfondie des structures de données et de la manière dont elles peuvent être croisées pour fournir des insights utiles.

Le scraping, une autre méthode essentielle, permet d'automatiser la collecte de données depuis le web, facilitant ainsi l'agrégation d'un volume considérable d'informations en un temps réduit. Cette technique, bien que puissante, doit être maniée avec précaution pour éviter de violer les politiques d'utilisation des sites web et de compromettre l'intégrité des données collectées.

Un aspect souvent négligé mais crucial de cette phase est l'exploitation des traces numériques. Chaque interaction en ligne laisse derrière elle des empreintes, qu'elles soient volontaires, comme les publications sur les réseaux sociaux, ou involontaires, telles que les métadonnées ou les historiques de navigation. Un analyste OSINT compétent saura identifier ces traces et les utiliser pour remonter aux sources d'information, établissant ainsi des liens entre des éléments qui, à première vue, semblent disparates.

Enfin, il est important de noter que la recherche et l'acquisition d'informations ne se limitent pas à l'assemblage de données. Elles nécessitent également une capacité d'analyse et de discernement pour évaluer la pertinence et la crédibilité des informations recueillies. Cette étape fondamentale pose les bases sur lesquelles repose l'ensemble du processus d'investigation OSINT, assurant que les données collectées sont non seulement pertinentes, mais également exploitables pour atteindre les objectifs stratégiques fixés.

Surveillance et Analyse des Réseaux Sociaux

Dans le contexte contemporain de l'analyse de l'information, les réseaux sociaux représentent une source inestimable de données pour les analystes en renseignement. Les plateformes telles que Facebook, Twitter, et Instagram regorgent d'informations que les individus partagent volontairement, souvent sans réaliser l'ampleur de leur exposition. Ces données permettent d'identifier des tendances émergentes et des signaux faibles qui peuvent indiquer des changements sociaux ou politiques significatifs.

L'analyse comportementale des utilisateurs sur ces plateformes est cruciale. Elle permet de déceler des modèles d'interaction qui peuvent révéler des comportements déviants ou des campagnes coordonnées de désinformation. Par exemple, l'étude des interactions et la fréquence des messages partagés peuvent mettre en lumière des réseaux de faux profils créés pour influencer l'opinion publique ou promouvoir des narratifs spécifiques.

La détection des faux comptes est une autre facette essentielle de la surveillance des réseaux sociaux. Ces comptes, souvent automatisés, sont utilisés pour amplifier des messages, créer l'illusion d'un soutien massif ou semer la confusion. Les analystes doivent être capables de repérer ces entités à travers des indicateurs tels que des schémas de publication incohérents, une absence d'interaction authentique, ou des informations de profil suspectes.

L'analyse des interactions numériques ne se limite pas aux simples connexions entre utilisateurs. Elle s'étend à la compréhension des dynamiques de communication au sein de groupes, la propagation de l'information et l'influence exercée par certains individus ou organisations. Les analystes doivent maîtriser des outils avancés qui leur permettent de cartographier ces interactions et d'identifier les acteurs clés dans la diffusion de l'information.

En outre, la surveillance des réseaux sociaux doit être accompagnée d'une éthique rigoureuse et d'une compréhension claire des réglementations concernant la vie privée et la protection des données. Les analystes doivent naviguer dans un cadre légal complexe tout en maximisant l'efficacité de leur collecte d'informations.

En somme, la surveillance et l'analyse des réseaux sociaux requièrent une combinaison de compétences techniques et analytiques. Les analystes doivent être capables d'interpréter des volumes massifs de données tout en gardant à l'esprit le contexte social et culturel dans lequel ces données sont produites. Cette approche holistique est essentielle pour transformer les données brutes en insights exploitables qui peuvent informer la prise de décision stratégique.

Exploration du Dark Web

L'exploration du Dark Web nécessite une approche méthodique et prudente, car elle implique de naviguer dans des espaces numériques souvent cachés et peu sécurisés. Les utilisateurs doivent être conscients des risques potentiels et adopter des pratiques de sécurité rigoureuses pour protéger leur identité et leurs données personnelles. Le Dark Web, souvent associé à des activités illégales, est en réalité un réseau complexe où se trouvent aussi bien des forums de discussion, des marchés en ligne, que des ressources d'information précieuses pour les investigateurs et journalistes.

Pour accéder au Dark Web, il est essentiel d'utiliser des logiciels de navigation spécialisés tels que Tor, qui permet de masquer l'adresse IP de l'utilisateur en le connectant à un réseau de relais anonymes. Cette anonymisation est cruciale pour éviter toute traçabilité et protéger la vie privée de l'utilisateur. Cependant, cela ne suffit pas toujours à garantir une sécurité totale, et il est recommandé de combiner cette approche avec d'autres outils de sécurité, comme l'utilisation de VPNs (réseaux privés virtuels) et de systèmes de chiffrement.

L'identification des forums et marketplaces pertinents sur le Dark Web est une tâche délicate qui requiert une connaissance approfondie des dynamiques internes de ces plateformes. Les investigateurs doivent être capables de repérer les communautés actives et de comprendre les codes et langages spécifiques utilisés par les membres pour échanger des informations ou des services. Cette étape d'identification est cruciale pour mener à bien des recherches ciblées et obtenir des données utiles.

Parmi les techniques utilisées pour l'exploration du Dark Web, le traçage et la corrélation des identités numériques jouent un rôle clé. Cela implique de suivre les empreintes numériques laissées par les utilisateurs sur différents sites et de croiser ces informations pour établir des liens entre les activités en ligne et les identités réelles. Cette méthode nécessite une grande rigueur analytique et une capacité à traiter de grandes quantités de données.

En outre, il est essentiel de maintenir une approche éthique lors de l'exploration du Dark Web. Bien que cet espace puisse offrir des opportunités uniques pour la recherche et l'investigation, il est important de respecter les lois en vigueur et de ne pas s'engager dans des activités illégales. Les professionnels doivent se former continuellement aux nouvelles méthodes et technologies, afin de rester à jour sur les évolutions du Dark Web et d'adapter leurs stratégies d'exploration en conséquence.

Ainsi, l'exploration du Dark Web, tout en présentant des défis uniques, offre également des opportunités considérables pour ceux qui sont prêts à naviguer dans cet environnement avec prudence et expertise. En combinant des outils technologiques avancés avec une compréhension profonde des dynamiques du Dark Web, les investigateurs peuvent découvrir des informations précieuses, tout en minimisant les risques associés à ces explorations.

Techniques de Scraping et Automatisation

Dans le domaine de l'OSINT, l'automatisation et les techniques de scraping sont des éléments cruciaux pour maximiser l'efficacité et la portée des enquêtes. Le scraping, ou l'extraction automatisée de données, permet de collecter rapidement et efficacement des volumes massifs d'informations disponibles sur le web. Cette méthode est particulièrement utile pour traiter des bases de données publiques, des sites web ou des réseaux sociaux, où les informations pertinentes peuvent être disséminées sur plusieurs pages ou plateformes.

Le processus de scraping repose sur l'utilisation de scripts ou de logiciels qui simulent la navigation humaine pour accéder et extraire des données. Ces outils peuvent être configurés pour cibler des types spécifiques de données, tels que les textes, images, ou métadonnées, et les organiser de manière structurée pour une analyse ultérieure. L'automatisation de ces tâches répétitives libère les analystes pour se concentrer sur l'interprétation et l'analyse des données collectées, augmentant ainsi la productivité globale et la profondeur des enquêtes.

Cependant, le scraping n'est pas sans défis. Les analystes doivent être conscients des considérations légales et éthiques associées à l'extraction de données. De nombreux sites web imposent des restrictions sur le scraping pour protéger la vie privée des utilisateurs et la propriété intellectuelle. Par conséquent, il est crucial de respecter les conditions d'utilisation des sites et de s'assurer que les pratiques de scraping sont conformes aux lois en vigueur.

En outre, l'automatisation dans l'OSINT ne se limite pas au scraping. D'autres technologies, telles que les robots d'indexation et les algorithmes d'intelligence artificielle, sont employées pour analyser et corréler les données extraites. Ces systèmes avancés peuvent détecter des modèles et des tendances cachés dans les données, facilitant ainsi l'identification de menaces potentielles ou de comportements suspects. Par exemple, l'utilisation d'outils d'analyse de réseaux sociaux permet de cartographier les interactions entre individus et d'exposer des réseaux de désinformation ou de propagande.

L'intégration de ces technologies dans le flux de travail OSINT nécessite une planification minutieuse et une formation adéquate des analystes. Ils doivent être capables de configurer et d'utiliser efficacement ces outils, tout en développant des stratégies pour interpréter les résultats de manière critique. La formation continue et l'adaptation aux nouvelles technologies sont essentielles pour maintenir des capacités d'enquête robustes face à l'évolution rapide des menaces numériques.

En conclusion, les techniques de scraping et l'automatisation représentent des piliers de l'OSINT moderne. Elles permettent non seulement de gérer efficacement les vastes quantités de données disponibles en ligne mais aussi de renforcer les capacités d'analyse et de détection des menaces. Les analystes doivent toutefois naviguer avec prudence dans ce paysage technologique, en respectant les considérations légales et éthiques tout en s'adaptant aux innovations continues.

Exploitation des Traces Numériques

Dans le domaine de l'OSINT, l'exploitation des traces numériques représente une avancée significative en matière de collecte et d'analyse de données. Chaque action en ligne, qu'elle soit consciente ou non, laisse derrière elle une empreinte numérique. Ces traces, souvent perçues comme de simples résidus de l'activité numérique, se transforment en une source inestimable d'informations pour les analystes. Qu'il s'agisse de publications sur les réseaux sociaux, de commentaires sur des forums, ou même de métadonnées attachées à des fichiers, chaque élément peut être disséqué pour en extraire des informations pertinentes.

Les analystes OSINT utilisent une variété d'outils et de techniques pour identifier et collecter ces traces numériques. L'objectif est de créer une mosaïque d'informations qui, lorsqu'elle est correctement assemblée, révèle des schémas et des connexions inattendues. Par exemple, une simple analyse des métadonnées d'une photo peut indiquer l'emplacement géographique où elle a été prise, l'appareil utilisé, et même la date et l'heure précises. Ces détails, bien que discrets, peuvent être cruciaux pour établir la chronologie d'un événement ou pour vérifier l'authenticité d'une source.

La collecte des traces numériques ne se limite pas aux contenus visibles. Les analystes explorent également les données cachées, comme les historiques de navigation et les logs de connexion. Ces éléments fournissent un aperçu des comportements et des préférences des individus, permettant ainsi de prédire leurs actions futures. La surveillance des réseaux sociaux est un autre pilier de cette exploitation. En analysant les interactions et les comportements des utilisateurs, les analystes peuvent détecter des tendances émergentes ou identifier des influenceurs clés.

Cependant, l'exploitation des traces numériques pose également des défis éthiques et légaux. La collecte et l'analyse de données personnelles doivent respecter les réglementations en vigueur, telles que le RGPD en Europe, qui vise à protéger la vie privée des individus. Les analystes doivent naviguer dans cet environnement complexe en s'assurant que leurs méthodes sont à la fois légales et éthiques, tout en maximisant l'efficacité de leurs enquêtes.

L'intégration des traces numériques dans l'investigation OSINT s'accompagne d'une évolution constante des outils et des techniques. Les plateformes de médias sociaux, par exemple, modifient régulièrement leurs algorithmes et leurs politiques de confidentialité, ce qui oblige les analystes à adapter continuellement leurs stratégies. De plus, l'émergence de nouvelles technologies, telles que l'intelligence artificielle et l'apprentissage automatique, offre des opportunités inédites pour automatiser et améliorer le processus d'analyse des traces numériques.

En somme, l'exploitation des traces numériques est devenue un élément central de l'OSINT, transformant la manière dont les enquêtes sont menées. En combinant rigueur méthodologique et innovation technologique, les analystes OSINT peuvent débloquer de nouvelles perspectives d'investigation, tout en respectant les cadres légaux et éthiques qui régissent leur pratique.

Chapitre 3: Méthodologie d'Analyse et Vérification des Sources

Structuration et Interprétation des Données

Dans le domaine de l'intelligence en sources ouvertes (OSINT), la structuration et l'interprétation des données représentent une étape cruciale pour transformer des informations brutes en connaissances exploitables. La première tâche consiste à trier les données collectées afin de distinguer les informations pertinentes des bruits de fond. Cette opération nécessite l'utilisation de techniques de validation pour assurer la fiabilité des données. L'analyste doit appliquer des méthodes de vérification croisées, qui consistent à confronter les informations issues de différentes sources pour confirmer leur authenticité.

Les anomalies et incohérences dans les données peuvent révéler des indices significatifs. Par exemple, une discordance dans les déclarations publiques d'une organisation par rapport à ses actions réelles peut indiquer une tentative de dissimulation ou de manipulation. Il est donc essentiel pour un analyste OSINT de développer une sensibilité particulière à ces anomalies, qui souvent échappent à un regard non averti.

La mise en corrélation des sources est un autre aspect fondamental de cette phase. Cela implique de relier des fragments d'informations provenant de contextes divers pour former une image cohérente de la situation étudiée. Un analyste efficace sait utiliser des outils technologiques avancés pour cartographier ces connexions, révélant ainsi des réseaux ou des influences cachées. Par exemple, l'utilisation de logiciels comme Maltego peut faciliter la visualisation des relations entre individus ou entités, rendant visibles des connexions qui, autrement, resteraient invisibles.

L'interprétation des données nécessite aussi une compréhension approfondie du contexte culturel, social et politique dans lequel ces données ont été générées. Les biais culturels peuvent influencer la manière dont les informations sont perçues et interprétées, d'où l'importance d'une approche analytique interculturelle. Un bon analyste OSINT est capable de transcender ces biais pour fournir une analyse impartiale et précise.

En outre, la détection des fausses nouvelles et des tentatives de désinformation est un défi constant dans l'analyse OSINT. Les analystes doivent être formés à identifier les indices de manipulation, qu'il s'agisse de biais dans la présentation des faits ou de l'utilisation de sources douteuses. La déconstruction des fausses nouvelles implique une analyse minutieuse du contenu, des images et du contexte, permettant de démasquer les tentatives de manipulation délibérée des informations.

En résumé, la structuration et l'interprétation des données dans le contexte OSINT sont des compétences essentielles qui demandent une rigueur méthodologique et une capacité d'analyse critique. Ces compétences permettent aux analystes de transformer des données brutes en informations stratégiques, essentielles pour la prise de décision informée dans les environnements complexes et dynamiques d'aujourd'hui. L'efficacité de cette phase repose sur une combinaison de technologie avancée, de sensibilité aux détails et d'une compréhension profonde des dynamiques informationnelles contemporaines.

Identification des Fausses Nouvelles

L'identification des fausses nouvelles représente un défi majeur dans l'ère numérique actuelle où l'information circule à une vitesse sans précédent. Les fausses nouvelles, souvent désignées par le terme anglais "fake news", sont des informations délibérément fabriquées pour tromper le public, influencer l'opinion publique ou générer du profit. Ces informations erronées se propagent principalement via les réseaux sociaux, où leur viralité est amplifiée par le partage rapide et massif des utilisateurs.

Pour identifier ces fausses nouvelles, il est essentiel de comprendre les mécanismes qui les sous-tendent. Cela implique une analyse minutieuse du contenu, de l'origine et du contexte des informations suspectes. Les analystes OSINT doivent développer une sensibilité particulière aux signaux qui révèlent la manipulation de l'information. Parmi ces signaux, on trouve les titres sensationnalistes, l'absence de sources fiables, et la présence de biais évidents dans la présentation des faits.

Une approche méthodique est nécessaire pour déceler les fausses nouvelles. La première étape consiste à vérifier l'authenticité des sources. Les analystes doivent s'assurer que les informations proviennent de sites reconnus et crédibles. Cette vérification passe par une recherche approfondie des antécédents du site et de ses auteurs. Les outils OSINT permettent d'effectuer des recherches inversées d'images et des analyses des métadonnées pour valider l'origine et l'intégrité des contenus visuels et textuels associés aux nouvelles suspectes.

Ensuite, l'analyse du contenu même est cruciale. Cela inclut la vérification des faits mentionnés, la cohérence interne de l'article, et la comparaison avec d'autres sources d'information. Les fausses nouvelles présentent souvent des incohérences temporelles ou géographiques qui peuvent être révélatrices de leur nature fallacieuse. De plus, l'analyse sémantique et syntaxique peut mettre en lumière des structures de langage typiques des contenus fabriqués.

Enfin, il est important de contextualiser l'information. Comprendre le contexte sociopolitique ou économique dans lequel une nouvelle apparaît peut offrir des indices sur ses intentions. Les fausses nouvelles sont souvent conçues pour exploiter les tensions sociales ou pour renforcer des stéréotypes. Ainsi, une analyse contextuelle aide à discerner les motivations sous-jacentes et à évaluer l'impact potentiel sur le public cible.

Les analystes doivent également se tenir informés des techniques de désinformation émergentes. Les créateurs de fausses nouvelles adaptent constamment leurs méthodes pour contourner les outils de détection. Ainsi, une formation continue et une adaptation rapide aux nouvelles technologies et stratégies de désinformation sont essentielles pour maintenir l'efficacité des processus d'identification.

En somme, l'identification des fausses nouvelles nécessite une approche rigoureuse et multidimensionnelle. Elle repose sur une combinaison de vérification des sources, d'analyse du contenu, et de compréhension contextuelle. Seule une telle approche permet de contrer efficacement la propagation de l'information fallacieuse et de protéger la société des conséquences néfastes de la désinformation.

Analyse Avancée des Médias

L'analyse avancée des médias est un pilier essentiel dans le domaine de l'intelligence en sources ouvertes. Elle permet de décoder et d'interpréter les informations visuelles et auditives pour en tirer des conclusions pertinentes. La recherche inversée d'images, par exemple, est une technique cruciale qui utilise des outils comme TinEye, Yandex, ou Google Images. Ces outils permettent de retracer l'origine d'une image, d'identifier des duplications sur le web, et de vérifier l'authenticité des visuels. Cette capacité est particulièrement utile pour détecter les manipulations et les diffusions malveillantes d'images.

L'extraction et l'étude des métadonnées constituent une autre facette importante de cette analyse. Les métadonnées fournissent des informations contextuelles sur un fichier, telles que la date de création, les coordonnées GPS pour les images, et les appareils utilisés. Ces données peuvent révéler des détails cachés, permettant ainsi de corroborer ou de réfuter des hypothèses formulées lors d'une enquête.

L'analyse des vidéos et des fichiers audio est également cruciale. Les vidéos peuvent être soumises à des techniques de vérification, telles que l'analyse de la cohérence temporelle et spatiale, pour identifier des montages ou des falsifications. L'audio, quant à lui, peut être analysé pour détecter des caractéristiques vocales, des bruits de fond, ou des anomalies sonores, offrant ainsi un aperçu de l'environnement dans lequel l'enregistrement a été réalisé.

L'analyse avancée des médias ne se limite pas à l'identification des faux. Elle s'étend à l'exploitation des médias pour comprendre les narratifs, les biais, et les intentions des acteurs impliqués. En combinant les analyses visuelles et sonores avec d'autres formes de données OSINT, les analystes peuvent établir des liens plus solides et des profils plus détaillés des sujets d'intérêt.

Cette approche intégrée nécessite une maîtrise des outils technologiques ainsi qu'une compréhension approfondie des contextes socioculturels des informations analysées. Les analystes doivent être en mesure de naviguer entre les différents formats médiatiques et de s'adapter aux évolutions rapides des technologies de l'information.

Ainsi, l'analyse avancée des médias devient un atout stratégique dans la lutte contre la désinformation et la manipulation de l'information. Elle offre aux analystes OSINT un arsenal de techniques pour décrypter la complexité des flux d'informations modernes, renforçant ainsi leur capacité à fournir des analyses fiables et actionnables.

Cross-checking et Mise en Corrélation

Dans le cadre de l'analyse OSINT, la vérification croisée et la mise en corrélation des données constituent des étapes essentielles pour garantir la fiabilité et l'exactitude des informations recueillies. Le processus de vérification croisée implique l'utilisation de multiples sources d'information pour corroborer une donnée ou une hypothèse. Cela permet de minimiser les risques d'erreurs et de biais, en s'assurant que les informations sont confirmées par des sources indépendantes et crédibles. La mise en corrélation, quant à elle, consiste à établir des liens entre différentes informations, souvent disparates, pour révéler des motifs ou des tendances sous-jacentes.

L'un des principaux défis de la vérification croisée est de choisir des sources fiables et variées. Les analystes doivent être capables de naviguer à travers une multitude de données, allant des médias traditionnels aux plateformes numériques, en passant par les bases de données spécialisées. Chaque source doit être évaluée en termes de crédibilité, d'objectivité et de pertinence par rapport à l'enquête en cours. Les informations doivent être comparées et contrastées pour identifier des incohérences ou des divergences qui pourraient indiquer des erreurs, des biais ou des manipulations intentionnelles.

La mise en corrélation des données nécessite une approche analytique rigoureuse. Les analystes doivent posséder une compréhension approfondie des outils et techniques disponibles pour relier des informations apparemment sans rapport. Cela inclut l'utilisation de logiciels spécialisés capables d'analyser de vastes ensembles de données pour détecter des corrélations non évidentes. Par exemple, des outils comme Maltego permettent de visualiser des réseaux complexes de relations entre individus, organisations et événements, facilitant ainsi l'identification de connexions cachées.

En outre, la mise en corrélation est cruciale pour comprendre le contexte global dans lequel une information s'inscrit. Elle permet de situer une donnée dans un cadre plus large, révélant ainsi des dynamiques ou des influences qui pourraient ne pas être immédiatement apparentes. Cela peut inclure l'analyse des tendances historiques, des modèles de comportement, ou des interactions sociales qui influencent l'interprétation des données.

La vérification croisée et la mise en corrélation des informations ne sont pas des processus statiques. Ils nécessitent une réévaluation constante à mesure que de nouvelles données deviennent disponibles ou que le contexte évolue. Les analystes doivent rester vigilants face aux nouvelles techniques de désinformation et de manipulation de l'information, qui peuvent compliquer le processus de vérification. La capacité à adapter les méthodes d'analyse et à intégrer de nouvelles technologies est essentielle pour maintenir l'efficacité des investigations OSINT face à un environnement informationnel en constante évolution.

En somme, la vérification croisée et la mise en corrélation constituent le cœur de l'analyse OSINT, assurant que les conclusions tirées sont fondées sur des données solides et interconnectées. Ces processus renforcent la crédibilité des investigations et permettent aux analystes de tirer des insights pertinents à partir de données complexes et variées.

Détection des Anomalies et Incohérences

Dans le cadre de l'analyse OSINT, la détection des anomalies et incohérences joue un rôle crucial. Les anomalies représentent des écarts par rapport à un comportement ou à un modèle attendu, pouvant indiquer des activités suspectes ou malveillantes. Pour identifier ces anomalies, l'analyste doit d'abord comprendre les schémas normaux d'activité dans le contexte étudié. Cela inclut l'observation des interactions en ligne, des flux de données, et des comportements utilisateurs. Une approche méthodique est essentielle pour discerner les irrégularités qui échappent à une observation superficielle.

L'identification des incohérences repose sur la capacité à comparer des ensembles de données provenant de sources diverses. Les incohérences peuvent se manifester sous forme de contradictions dans les informations recueillies, des décalages temporels inexplicables, ou des divergences dans les récits des événements. L'analyste doit donc être capable de croiser les données, d'examiner les récits sous différents angles, et de vérifier la validité des sources pour authentifier l'information.

La mise en œuvre de techniques avancées comme le machine learning peut faciliter la détection des anomalies en automatisant l'analyse des grandes quantités de données. Ces technologies permettent de repérer des motifs inhabituels qui seraient autrement invisibles à l'œil humain. Toutefois, l'expertise humaine reste indispensable pour interpréter ces résultats en contexte et pour évaluer la pertinence des anomalies détectées.

Une autre méthode clé est l'analyse comportementale, qui consiste à étudier les habitudes et les interactions numériques des individus. Les changements brusques ou les comportements atypiques peuvent signaler des intentions malveillantes ou une compromission de compte. L'analyste doit être vigilant face à des activités telles que la création soudaine de faux profils, la diffusion de narratifs coordonnés, ou l'augmentation inattendue du trafic vers des sites spécifiques.

L'utilisation de visualisations de données, comme les graphes de réseaux, permet de cartographier les relations entre différents acteurs et de mettre en évidence des connexions cachées. Cette technique aide à identifier des clusters d'activités qui pourraient indiquer des réseaux de désinformation ou des opérations de manipulation orchestrées.

Enfin, la vérification des informations est primordiale pour garantir la fiabilité des conclusions tirées de l'analyse. Cela implique un processus rigoureux de cross-checking, où les données suspectes sont confrontées à des sources fiables afin de valider ou d'infirmer les anomalies identifiées. La capacité à détecter et à analyser les anomalies et incohérences dans les données OSINT est donc un atout indispensable pour toute cellule d'analyse cherchant à anticiper les menaces et à renforcer la sécurité informationnelle.

Chapitre 4: Psychologie, Raisonnement Analytique et Influence

Fondements de la Psychologie Cognitive et Sociale

Dans l'étude des fondements de la psychologie cognitive et sociale, il est essentiel de se pencher sur la compréhension des biais cognitifs et leur impact significatif sur l'analyse des informations. Ces biais, souvent inconscients, influencent la manière dont les individus perçoivent et interprètent les données, conduisant parfois à des conclusions erronées ou biaisées. Les mécanismes de perception jouent un rôle central dans ce processus, façonnant notre interprétation du monde qui nous entoure et influençant nos décisions.

Les émotions et les croyances personnelles, quant à elles, exercent une influence considérable sur la prise de décision. Elles peuvent altérer notre jugement et nous pousser à adopter des comportements qui ne sont pas toujours rationnels ou optimaux. Par exemple, la peur ou l'anxiété peuvent amener à des décisions hâtives, tandis que la confiance excessive peut conduire à sous-estimer les risques.

En parallèle, l'analyse des comportements de masse révèle l'effet de contagion, où les émotions et les comportements se propagent au sein d'un groupe, influençant les actions individuelles. Ce phénomène est particulièrement observable dans les mouvements sociaux ou les marchés financiers, où les décisions sont souvent prises en réaction à des tendances perçues plutôt qu'à des données objectives.

Dans ce contexte, le raisonnement schématique et la logique déductive sont des outils précieux pour structurer l'information de manière cohérente et éviter les erreurs d'interprétation. En élaborant des schémas d'analyse, les individus peuvent mieux organiser les données et les idées, facilitant ainsi une compréhension plus claire et plus précise.

La pensée critique, en tant qu'élément central de cette approche, encourage une évaluation rigoureuse des informations et des hypothèses, aidant à identifier et à corriger les biais potentiels. Elle favorise le développement d'une approche méthodique et objective, essentielle pour naviguer dans un environnement d'information complexe et souvent ambigu.

Enfin, le profilage et l'analyse comportementale se révèlent cruciaux pour comprendre les patterns comportementaux des acteurs suspects. Ces techniques permettent de reconnaître les stratégies de manipulation et de désinformation, offrant ainsi la possibilité d'anticiper les actions futures. En utilisant des méthodes de profiling, les analystes peuvent établir des modèles de comportement qui aident à prédire et à prévenir les menaces potentielles, renforçant ainsi la sécurité et l'efficacité des enquêtes.

Ainsi, les fondements de la psychologie cognitive et sociale fournissent un cadre essentiel pour comprendre et analyser les comportements humains dans divers contextes, renforçant notre capacité à interpréter et à influencer le monde qui nous entoure.

Raisonnement Schématique et Logique Déductive

Dans le domaine de l'OSINT, le raisonnement schématique et la logique déductive jouent un rôle crucial pour structurer et analyser l'information collectée. L'élaboration de schémas d'analyse permet de visualiser les données de manière organisée, facilitant ainsi l'identification des liens et des patterns cachés. Cette approche méthodique est essentielle pour éviter les erreurs d'interprétation et garantir une analyse objective des informations.

La pensée critique est au cœur de ce processus, car elle permet de remettre en question les hypothèses initiales et d'examiner les données sous différents angles. En appliquant une logique déductive rigoureuse, les analystes peuvent tirer des conclusions fondées sur des preuves tangibles plutôt que sur des suppositions. Cela implique de constamment valider et croiser les informations provenant de diverses sources pour détecter d'éventuelles incohérences ou anomalies.

Dans le cadre de l'OSINT, les analystes doivent souvent faire face à des volumes massifs de données. La capacité à structurer ces informations de manière schématique permet non seulement de gagner en efficacité, mais aussi de s'assurer que chaque détail pertinent est pris en compte. En utilisant des outils de cartographie et de visualisation des données, les analystes peuvent synthétiser les informations complexes et en extraire des insights exploitables.

La logique déductive, quant à elle, offre un cadre pour formuler des hypothèses basées sur les données disponibles et tester leur validité. Ce processus implique de décomposer les problèmes en éléments plus petits et de les analyser individuellement, ce qui est particulièrement utile pour identifier les causes sous-jacentes des phénomènes observés. Les schémas d'analyse aident à maintenir une vue d'ensemble tout en permettant une exploration détaillée des composants spécifiques.

En outre, le raisonnement schématique et la logique déductive sont des compétences transférables qui peuvent être appliquées dans divers contextes au sein de l'OSINT. Que ce soit pour la détection de menaces potentielles, l'analyse de réseaux de désinformation ou l'identification de comportements suspects, ces approches fournissent une base solide pour une investigation approfondie. En intégrant ces techniques dans leur méthodologie, les analystes OSINT peuvent améliorer leur capacité à anticiper les évolutions et à répondre de manière proactive aux défis émergents.

Ainsi, le développement de ces compétences est essentiel pour tout analyste OSINT souhaitant exceller dans son domaine. En cultivant une pensée analytique structurée et une logique déductive rigoureuse, les professionnels de l'OSINT sont mieux équipés pour naviguer dans le paysage complexe et en constante évolution de l'information en source ouverte.

Profilage et Analyse Comportementale

Dans l'univers complexe de l'intelligence en sources ouvertes, le profilage et l'analyse comportementale occupent une place centrale. Cette discipline, ancrée dans les techniques de renseignement moderne, permet de décrypter les comportements humains à travers les traces numériques laissées par les individus. Les analystes OSINT s'appuient sur une compréhension fine des patterns comportementaux pour anticiper les actions des acteurs suspects. L'analyse comportementale s'articule autour de l'observation des interactions et des habitudes en ligne, exploitant les données disponibles pour dresser un tableau précis des intentions potentielles.

Les outils de profilage, tels que les logiciels de cartographie des relations, jouent un rôle crucial dans cette démarche. Ils permettent de visualiser les connexions entre les individus, les organisations et les événements, révélant ainsi des réseaux souvent invisibles à l'œil nu. Cette visualisation aide non seulement à identifier les menaces potentielles mais aussi à comprendre les dynamiques sous-jacentes à certaines actions criminelles.

En parallèle, l'analyse comportementale s'intéresse à la détection des stratégies de manipulation et de désinformation. Les acteurs malveillants utilisent souvent des techniques sophistiquées pour influencer l'opinion publique ou masquer leurs véritables intentions. Les analystes doivent donc être capables de reconnaître ces tactiques et de démêler le vrai du faux. Cela implique une étude approfondie des contenus partagés, des interactions sur les réseaux sociaux, et des campagnes d'influence orchestrées.

La collecte de données OSINT s'enrichit également grâce à l'intégration de méthodes issues de la psychologie cognitive et sociale. Comprendre les biais cognitifs et les mécanismes de perception permet d'affiner l'analyse des comportements observés. Les émotions, les croyances, et les motivations des individus influencent leurs actions et leurs choix, et les analystes doivent en tenir compte pour élaborer des profils précis.

Cette approche intégrée offre des perspectives puissantes pour anticiper et influencer les comportements futurs. En combinant données numériques et insights psychologiques, les analystes peuvent non seulement réagir aux menaces existantes mais aussi prévenir des incidents avant qu'ils ne surviennent. Cela nécessite une formation continue et une adaptation constante aux nouvelles technologies et aux tendances émergentes dans le domaine de la cybersécurité.

Ainsi, le profilage et l'analyse comportementale, en tant que composantes essentielles de l'OSINT, fournissent aux analystes les outils nécessaires pour naviguer dans un paysage numérique en perpétuelle évolution. Ils permettent de transformer les données brutes en renseignements exploitables, contribuant à la sécurité et à la résilience des organisations face aux menaces modernes.

Influence des Émotions et Croyances

Les émotions et les croyances jouent un rôle crucial dans le processus de décision et d'analyse des informations, influençant la manière dont les individus perçoivent et interprètent les données. Ces facteurs psychologiques peuvent altérer la perception de la réalité, conduisant parfois à des biais cognitifs qui peuvent compromettre l'objectivité requise dans l'analyse OSINT.

Lorsqu'un analyste s'engage dans la collecte et l'évaluation de données, ses émotions personnelles peuvent impacter la manière dont il interprète les informations. Par exemple, un sentiment de peur ou d'anxiété face à une menace perçue peut amener un analyste à surestimer la gravité d'une situation ou à privilégier des sources d'information qui confirment ses préjugés préexistants. De même, des croyances profondément enracinées peuvent fausser le jugement, poussant l'individu à ignorer des preuves contraires ou à mal interpréter des informations objectives.

Ces influences émotionnelles et cognitives peuvent également être exploitées par des acteurs malveillants cherchant à manipuler l'opinion publique ou à influencer des décisions stratégiques. En créant des narratifs qui suscitent des réponses émotionnelles fortes, tels que la peur, la colère ou l'indignation, ces acteurs peuvent détourner l'attention des faits objectifs et orienter la perception collective dans une direction qui sert leurs intérêts.

Dans le cadre de l'OSINT, il est essentiel de développer une conscience aiguë de ces facteurs émotionnels et cognitifs. Les analystes doivent être formés à reconnaître leurs propres biais et à adopter des stratégies pour les atténuer. Cela inclut l'application de techniques de pensée critique, la vérification croisée des informations provenant de diverses sources et l'adoption d'une posture analytique rigoureuse qui privilégie les données objectives sur les impressions subjectives.

En outre, la prise de conscience des biais émotionnels et cognitifs ne se limite pas à l'auto-évaluation. Elle s'étend également à la compréhension de la manière dont ces biais peuvent influencer les comportements de masse et les décisions au sein d'une organisation ou d'une communauté. Par exemple, l'effet de contagion émotionnelle peut amener un groupe à adopter des décisions irrationnelles sur la base d'un sentiment collectif plutôt que de faits rationnels. Dans ce contexte, il devient crucial de développer des compétences en psychologie sociale et cognitive pour anticiper et contrer les dynamiques de groupe qui peuvent nuire à une prise de décision éclairée.

Enfin, l'intégration de ces considérations psychologiques dans la formation stratégique OSINT contribue à renforcer la résilience cognitive des analystes. En comprenant mieux l'influence des émotions et des croyances, les professionnels peuvent non seulement améliorer la qualité de leurs analyses, mais aussi se prémunir contre les tentatives de manipulation, assurant ainsi une utilisation plus efficace et éthique des renseignements en sources ouvertes.

Analyse des Comportements de Masse

Dans l'étude des comportements de masse, il est essentiel de comprendre les dynamiques complexes qui régissent les interactions humaines à grande échelle. Les comportements de masse se manifestent souvent dans des contextes où les individus agissent de manière collective, influencés par des facteurs socioculturels, économiques et technologiques. L'analyse de ces comportements implique l'observation des tendances générales et des modèles récurrents qui émergent au sein des groupes.

Les comportements de masse peuvent être observés dans divers contextes, tels que les mouvements sociaux, les phénomènes de consommation, ou encore les interactions sur les plateformes numériques. Dans ces environnements, les individus sont souvent influencés par des leaders d'opinion ou des tendances dominantes qui façonnent leurs décisions et leurs actions. L'étude de ces phénomènes nécessite une approche multidisciplinaire, combinant des éléments de sociologie, de psychologie sociale et d'analyse des données.

L'un des aspects clés de l'analyse des comportements de masse est la compréhension des mécanismes de contagion sociale. Ce phénomène se produit lorsque les comportements ou les émotions se propagent rapidement au sein d'un groupe, souvent amplifiés par les médias sociaux et les technologies de communication modernes. Cette propagation peut entraîner des effets de boule de neige, où une action ou une idée initiale se transforme en un mouvement collectif d'envergure.

Pour analyser ces dynamiques, les chercheurs utilisent des outils d'intelligence en sources ouvertes (OSINT) pour recueillir et interpréter les données issues de diverses plateformes numériques. Ces outils permettent d'identifier des tendances émergentes, de cartographier les réseaux d'interaction et de détecter les signaux faibles qui peuvent indiquer des changements significatifs dans les comportements collectifs. L'exploitation efficace de ces données exige une méthodologie rigoureuse et une capacité à discerner les informations pertinentes parmi une masse de données souvent chaotique.

Dans le contexte de l'OSINT, l'analyse des comportements de masse est particulièrement utile pour anticiper les mouvements sociaux et les tendances du marché, ainsi que pour comprendre les dynamiques de désinformation et de manipulation en ligne. Les analystes doivent être capables de distinguer les comportements authentiques des actions orchestrées par des acteurs malveillants cherchant à influencer l'opinion publique ou à déstabiliser des systèmes sociaux.

Enfin, l'analyse des comportements de masse nécessite une attention particulière aux biais cognitifs et aux influences culturelles qui peuvent affecter la perception et l'interprétation des données. Les analystes doivent être conscients des préjugés qui peuvent colorer leur compréhension des phénomènes observés et s'efforcer d'adopter une approche objective et fondée sur des preuves. En intégrant ces considérations, l'étude des comportements de masse peut offrir des insights précieux pour la prise de décision stratégique et la gestion des crises dans un monde de plus en plus interconnecté et complexe.

Chapitre 5: Stratégie de Guerre de l'Information

Détection et Neutralisation des Stratégies d'Influence

Dans un monde où l'information circule à une vitesse fulgurante, la détection et la neutralisation des stratégies d'influence deviennent essentielles pour maintenir l'intégrité des données et des esprits. Les stratégies d'influence, souvent orchestrées par des acteurs malveillants, visent à manipuler l'opinion publique, à semer la désinformation et à influencer les décisions politiques et économiques. La première étape dans la lutte contre ces stratégies consiste à identifier les sources de propagande. Cela implique de scruter les médias sociaux, les blogs, les forums et autres plateformes numériques où les narratifs coordonnés sont souvent diffusés.

Les acteurs malveillants exploitent des techniques sophistiquées pour dissimuler leurs intentions, utilisant des bots, des faux comptes et des réseaux de trolls pour amplifier leur portée. La détection de ces schémas nécessite une analyse minutieuse des données, en s'appuyant sur des outils d'intelligence artificielle et de machine learning pour détecter les anomalies et les signaux faibles. Une fois identifiés, ces narratifs doivent être déconstruits pour comprendre leur structure et leur intention sous-jacente. Cela permet non seulement de neutraliser leur impact, mais aussi de renforcer la résilience cognitive des individus exposés à ces contenus.

Les opérations psychologiques, ou PsyOps, constituent une autre dimension des stratégies d'influence. Elles visent à manipuler les perceptions et les comportements par le biais de messages soigneusement conçus. La compréhension de ces opérations nécessite une connaissance approfondie des mécanismes psychologiques et des biais cognitifs qui peuvent être exploités. En développant des contre-mesures efficaces, les analystes peuvent atténuer l'impact de ces opérations et protéger les populations ciblées.

Parallèlement, il est crucial de développer des stratégies de résilience cognitive. Cela inclut la formation des individus à reconnaître et à résister aux tentatives de manipulation, en renforçant leur esprit critique et en les sensibilisant aux techniques de désinformation. Les programmes éducatifs et les campagnes de sensibilisation jouent un rôle clé dans cette démarche, en fournissant aux gens les outils nécessaires pour naviguer dans un paysage médiatique complexe et souvent trompeur.

En somme, la détection et la neutralisation des stratégies d'influence nécessitent une approche multidisciplinaire, alliant technologie, psychologie et éducation. En combinant ces éléments, il est possible de créer un environnement informationnel plus sûr et plus transparent, où la vérité peut prévaloir sur la manipulation. Les efforts continus dans ce domaine sont essentiels pour garantir que l'information reste un outil de progrès et de compréhension plutôt qu'une arme de division et de contrôle.

Rétro-Ingénierie de l'Information

Dans le domaine de l'intelligence en sources ouvertes, la rétro-ingénierie de l'information joue un rôle crucial. Ce processus complexe implique la déconstruction minutieuse d'une information pour en révéler les origines et les intentions sous-jacentes. L'objectif est de remonter à la source initiale, souvent dissimulée derrière des couches de désinformation ou de manipulation intentionnelle. Cette approche permet non seulement de vérifier l'authenticité des informations mais aussi de comprendre les mécanismes de diffusion et d'influence qui les accompagnent.

La rétro-ingénierie requiert une analyse méthodique des structures syntaxiques et sémiotiques des messages. En examinant les choix de mots, la construction des phrases et l'agencement des idées, les analystes peuvent identifier des indices subtils sur l'intention de l'auteur ou l'origine potentielle de l'information. Ces indices, une fois rassemblés, forment un puzzle qui, lorsqu'il est correctement assemblé, dévoile le schéma de communication utilisé pour influencer l'audience cible.

Une autre dimension essentielle de ce processus est l'analyse contextuelle. Chaque information est produite et consommée dans un contexte spécifique, influencé par des facteurs culturels, politiques et sociaux. En comprenant ce contexte, les analystes peuvent mieux interpréter les motivations des parties impliquées et anticiper les réactions possibles de l'audience. Cette compréhension contextuelle enrichit l'analyse et permet de formuler des stratégies de réponse plus efficaces.

Les techniques avancées de traçage jouent également un rôle central dans la rétro-ingénierie. Grâce à des outils technologiques sophistiqués, les analystes sont capables de suivre le cheminement d'une information à travers différents canaux de communication. Cette capacité à tracer le parcours d'une information aide à identifier non seulement sa source, mais aussi les points où elle a pu être altérée ou amplifiée. Ces techniques incluent l'analyse des métadonnées, qui peut révéler des détails cruciaux sur la provenance et la distribution d'un message.

La rétro-ingénierie de l'information ne se limite pas à la simple vérification des faits. Elle s'étend à la compréhension des dynamiques de pouvoir et d'influence qui façonnent le paysage informationnel. En décodant les techniques de manipulation utilisées pour façonner l'opinion publique, les analystes peuvent développer des contre-mesures efficaces pour protéger les audiences vulnérables et renforcer la résilience cognitive de la société. Ainsi, la rétro-ingénierie de l'information devient un outil puissant pour défendre la vérité dans un monde saturé de désinformation.

Enfin, la collaboration interdisciplinaire enrichit la rétro-ingénierie de l'information. En intégrant des perspectives issues de la psychologie, de la linguistique, de la sociologie et de la technologie, les analystes peuvent aborder les défis complexes de manière holistique. Cette approche collaborative favorise l'innovation méthodologique et assure que les stratégies développées sont robustes et adaptées aux évolutions rapides du paysage numérique.

Techniques de Traçage des Sources Originales

Dans l'univers complexe de l'intelligence en sources ouvertes (OSINT), une méthodologie rigoureuse s'avère indispensable pour tracer les sources originales des informations. Le processus commence par une compréhension approfondie des divers types de données disponibles et de leur provenance. Les analystes doivent être capables d'identifier des sources d'informations fiables parmi un océan de données potentiellement trompeuses. Cela implique souvent de remonter aux origines des informations, qu'elles soient numériques ou physiques, à l'aide de techniques sophistiquées de traçage.

L'une des premières étapes consiste à analyser les registres publics et les bases de données ouvertes. Ces ressources sont souvent sous-utilisées mais offrent un potentiel immense pour valider l'authenticité d'une source. Les registres publics peuvent inclure des documents légaux, des rapports financiers, ou des archives gouvernementales, qui sont essentiels pour établir la véracité des informations recueillies.

Ensuite, la géolocalisation et l'identification de l'origine d'un contenu jouent un rôle crucial. En exploitant les métadonnées associées à un fichier, comme les photos ou les vidéos, les analystes peuvent déterminer où et quand un contenu a été créé. Cela permet de contextualiser l'information et de s'assurer qu'elle n'a pas été manipulée ou sortie de son contexte original.

L'exploitation des leaks et des fuites de données ajoute une autre couche à cette approche. Ces informations, bien qu'elles puissent être obtenues de manière illicite, fournissent souvent des aperçus précieux sur des réseaux d'information complexes. Les analystes doivent traiter ces données avec prudence, en vérifiant leur authenticité et en respectant les considérations légales et éthiques.

Par ailleurs, les techniques avancées de traçage ne se limitent pas aux méthodes numériques. L'analyse des interactions humaines, des réseaux sociaux, et des comportements en ligne offre des indices supplémentaires pour remonter aux sources originales. Les analystes utilisent des outils spécialisés pour cartographier les connexions entre individus, organisations, et événements, révélant ainsi des relations et des influences invisibles à première vue.

Enfin, pour garantir la sécurité des analystes et la confidentialité des enquêtes, des stratégies de camouflage et d'anonymisation sont mises en place. Cela implique l'utilisation avancée de VPNs, de proxys, et la création d'identités numériques fictives pour naviguer dans les réseaux sans être détecté. Ces méthodes protègent non seulement l'analyste mais aussi l'intégrité de l'enquête en cours.

En résumé, le traçage des sources originales dans le cadre de l'OSINT nécessite une approche multidimensionnelle, combinant des techniques numériques et humaines pour valider l'authenticité des informations et remonter à leurs origines. Les analystes doivent non seulement maîtriser les outils technologiques mais aussi comprendre les dynamiques sociales et comportementales qui sous-tendent les flux d'information. C'est cette combinaison de compétences qui permet de transformer des données brutes en intelligence exploitable.

Analyse des Structures Syntaxiques et Sémiotiques

Dans le vaste domaine de l'Open Source Intelligence (OSINT), l'analyse des structures syntaxiques et sémiotiques s'impose comme un outil incontournable pour décrypter les messages complexes. L'analyse syntaxique s'attache à la structure formelle des phrases, permettant de décoder le sens littéral des informations. Cela implique une compréhension approfondie des règles grammaticales et des relations entre les mots pour extraire un sens cohérent des données textuelles collectées. Ce processus s'avère essentiel pour identifier les biais potentiels et les manipulations sous-jacentes dans les textes, notamment ceux diffusés à grande échelle sur les plateformes numériques.

En parallèle, l'analyse sémiotique offre une dimension supplémentaire en explorant le sens caché derrière les mots et les images. Cette approche étudie les signes et les symboles, ainsi que les connotations culturelles et contextuelles qui influencent l'interprétation des messages. Elle permet de comprendre comment les informations peuvent être perçues différemment selon les publics cibles, et de détecter les stratégies de communication subliminale utilisées par les acteurs malveillants.

Dans le cadre d'une enquête OSINT, ces analyses sont cruciales pour déconstruire les narratifs coordonnés et les opérations psychologiques (PsyOps). Les analystes doivent être capables d'identifier les motifs récurrents et les structures narratives qui se répètent dans les contenus viraux. Cela inclut l'examen des métaphores, des allégories et des autres figures de style qui peuvent véhiculer des messages implicites ou subliminaux.

L'intégration de ces analyses dans une stratégie OSINT nécessite également la maîtrise des outils technologiques avancés. Les logiciels d'analyse de texte, par exemple, permettent d'automatiser une partie du processus, en détectant les schémas syntaxiques et les anomalies dans de vastes volumes de données. De plus, l'utilisation de l'intelligence artificielle pour l'analyse sémiotique ouvre de nouvelles perspectives, en facilitant la reconnaissance des patterns complexes et des influences culturelles dans les données numériques.

En fin de compte, la combinaison de l'analyse syntaxique et sémiotique enrichit la capacité des analystes à interpréter les informations de manière nuancée et contextualisée. Cela leur permet de mieux anticiper les intentions des acteurs et de formuler des réponses stratégiques adaptées. Dans un monde où l'information est souvent utilisée comme arme, cette double approche analytique devient un atout majeur pour les professionnels engagés dans la protection des intérêts stratégiques et la lutte contre la désinformation.

Contre-mesures et Résilience Cognitive

Dans le contexte de l'évolution rapide des menaces informationnelles, il est primordial de développer des stratégies de résilience cognitive pour contrer les effets délétères des campagnes de désinformation. La résilience cognitive permet aux individus et aux organisations de mieux résister aux tentatives d'influence malveillante, en renforçant leur capacité à analyser et interpréter les informations de manière critique.

La première étape consiste à sensibiliser les analystes et les décideurs aux biais cognitifs courants qui peuvent affecter leur jugement. En comprenant comment ces biais fonctionnent, les individus peuvent mieux les reconnaître et les éviter dans leurs processus décisionnels. Cela inclut des formations sur la pensée critique et la logique déductive, qui sont essentielles pour évaluer les informations de manière objective et méthodique.

Ensuite, il est crucial de développer des techniques de détection et de neutralisation des stratégies d'influence. Cela passe par l'identification des sources de propagande et des acteurs malveillants, ainsi que par la compréhension des narratifs coordonnés qui peuvent être utilisés pour manipuler l'opinion publique. Les analystes doivent être formés à repérer les opérations psychologiques (PsyOps) et à élaborer des contre-mesures efficaces pour les neutraliser.

La résilience cognitive repose également sur la capacité à rétro-ingénier l'information. Cela implique de déconstruire systématiquement les fausses informations pour comprendre leur structure et leur origine. Les analystes doivent être capables d'analyser les structures syntaxiques et sémiotiques des messages viraux, ainsi que de tracer les sources originales pour vérifier la véracité des informations.

Parallèlement, la formation continue et l'entraînement pratique jouent un rôle clé dans le renforcement de la résilience cognitive. Des exercices de simulation en environnement hostile, tels que des scénarios de désinformation en temps réel, permettent aux analystes de développer des réflexes analytiques et de gérer efficacement les situations de crise informationnelle.

Enfin, il est essentiel de promouvoir une culture de l'apprentissage continu et de l'adaptabilité au sein des équipes d'analyse. Cela inclut l'encouragement à participer à des compétitions OSINT et à des défis interactifs, qui favorisent le développement des compétences analytiques et la collaboration en équipe. En cultivant une attitude proactive face aux nouvelles menaces, les analystes peuvent mieux anticiper et contrer les futures tentatives de manipulation informationnelle.

Chapitre 6: Techniques de Traçage et Sécurité des Analystes

Remonter aux Sources d'Information

Dans le cadre de l'analyse OSINT, l'identification des sources d'information est une compétence essentielle. Les analystes doivent être capables de naviguer à travers un vaste réseau de données disponibles publiquement pour extraire des informations pertinentes. Cela nécessite une compréhension approfondie des registres publics et des bases de données ouvertes, qui sont souvent les premiers points de départ pour toute recherche OSINT. Ces registres peuvent comprendre des documents gouvernementaux, des archives publiques, et même des bases de données accessibles via des requêtes spécifiques.

L'une des techniques clés pour remonter aux sources d'information est l'utilisation de la géolocalisation. Cette méthode permet de déterminer l'origine géographique d'un contenu, qu'il s'agisse de messages sur les réseaux sociaux, de photographies, ou de vidéos. Grâce à des outils spécialisés, les analystes peuvent retracer le parcours d'un contenu numérique pour en révéler l'origine, souvent en étudiant les métadonnées associées. Cette démarche est cruciale pour valider la véracité d'une information et pour comprendre le contexte dans lequel elle a été créée.

En parallèle, l'exploitation des fuites de données offre une autre avenue pour accéder à des sources d'information précieuses. Les fuites, qu'elles soient accidentelles ou intentionnelles, peuvent révéler des informations sensibles qui ne sont pas disponibles par d'autres moyens. Les analystes OSINT doivent donc être formés à la détection et à l'analyse de ces fuites afin de les intégrer efficacement dans leurs enquêtes. Cela implique également une connaissance approfondie des lois et des réglementations entourant l'utilisation de données obtenues de cette manière.

Les bases de données ouvertes jouent également un rôle crucial dans la collecte d'informations. Elles permettent aux analystes d'accéder à une vaste gamme de données, allant des statistiques économiques aux dossiers judiciaires. Pour exploiter pleinement ces ressources, il est essentiel de maîtriser les techniques de recherche avancées, telles que l'utilisation de filtres et de requêtes complexes, qui permettent de cibler précisément les informations nécessaires.

Enfin, la capacité à intégrer ces différentes sources d'information dans une analyse cohérente et structurée est ce qui distingue un analyste OSINT compétent. Cela nécessite non seulement des compétences techniques, mais aussi une pensée critique et une capacité à interpréter les données dans un contexte plus large. Les analystes doivent être capables de synthétiser les informations obtenues à partir de diverses sources pour en tirer des conclusions pertinentes et exploitables. En développant ces compétences, les analystes peuvent transformer des données brutes en intelligence stratégique, offrant ainsi une valeur inestimable dans le cadre de leurs missions.

Stratégies de Camouflage et Anonymisation

Dans le domaine de l'intelligence en sources ouvertes (OSINT), les stratégies de camouflage et d'anonymisation jouent un rôle crucial pour assurer la sécurité et l'efficacité des analystes. Le camouflage numérique et l'anonymisation consistent à masquer ou à brouiller les traces laissées par les individus lors de leurs activités en ligne, afin de minimiser le risque d'exposition ou de compromission des enquêtes.

Une des méthodes couramment utilisées est l'emploi avancé de réseaux privés virtuels (VPN) et de proxys. Ces outils permettent de rediriger le trafic internet à travers différents serveurs, masquant ainsi l'adresse IP réelle de l'utilisateur et rendant sa localisation difficile à déterminer. Les VPN offrent un niveau de chiffrement qui protège les données transmises contre les interceptions malveillantes. Cependant, il est crucial de choisir des services réputés et de bien comprendre les limitations potentielles, comme la conservation des logs par certains fournisseurs.

En parallèle, la création et la gestion d'identités numériques fictives sont essentielles pour mener des enquêtes sans attirer l'attention. Ces identités peuvent être utilisées pour s'infiltrer dans des réseaux sociaux ou des forums, permettant ainsi aux analystes de recueillir des informations sans révéler leur véritable identité. La construction de ces profils nécessite une attention particulière aux détails pour éviter d'éveiller des soupçons, ce qui inclut l'utilisation de photos cohérentes, de biographies crédibles et d'activités en ligne régulières.

Les méthodes de surveillance passive constituent une autre facette des stratégies de camouflage. Elles impliquent l'observation des activités en ligne sans interaction directe, ce qui réduit le risque de déclencher des alertes auprès des systèmes de sécurité des plateformes visées. Cette approche passive est souvent couplée à des techniques d'analyse avancée pour identifier des schémas comportementaux ou des connexions cachées entre différents acteurs.

L'anonymisation va au-delà de la simple utilisation de technologies; elle inclut également la sensibilisation aux comportements en ligne. Les analystes doivent être formés à éviter les actions qui pourraient révéler leur identité, comme la connexion à des comptes personnels ou l'utilisation de services non sécurisés. La discipline et la vigilance sont essentielles pour maintenir une couverture efficace.

Enfin, il est crucial de rester à jour avec les évolutions technologiques et les nouvelles menaces. Les techniques de camouflage et d'anonymisation doivent être régulièrement révisées et adaptées pour contrer les nouvelles méthodes de traçage développées par les cybercriminels et les agences de surveillance. En combinant ces stratégies avec une approche analytique rigoureuse, les analystes OSINT peuvent naviguer dans le paysage numérique complexe tout en protégeant leur identité et en garantissant la confidentialité de leurs opérations.

Exploitation des Leaks et Fuites de Données

Dans le domaine de l'OSINT, l'exploitation des leaks et fuites de données constitue une facette cruciale de l'investigation numérique. Ces données, souvent exposées par inadvertance ou à la suite d'attaques malveillantes, offrent une mine d'informations exploitables pour les analystes. Les leaks peuvent provenir de diverses sources, telles que les bases de données mal sécurisées, les services cloud vulnérables, ou encore les erreurs humaines entraînant des publications accidentelles de données sensibles. L'analyse de ces fuites nécessite une méthodologie rigoureuse pour identifier, collecter et interpréter les informations pertinentes sans enfreindre les lois sur la protection des données.

Les analystes OSINT doivent d'abord s'assurer de la légalité de l'accès et de l'utilisation des données fuites, en respectant les cadres juridiques en vigueur. Une fois ces prérequis légaux établis, l'analyse des données débute par une évaluation minutieuse de leur authenticité et de leur pertinence pour l'enquête en cours. Cette étape est essentielle pour éviter les pièges des données falsifiées ou obsolètes qui pourraient conduire à des conclusions erronées.

L'exploitation efficace des leaks repose sur l'utilisation d'outils spécialisés permettant d'automatiser le processus de collecte et d'analyse. Ces outils incluent des logiciels de scraping pour extraire les données des sites compromis, ainsi que des plateformes d'analyse de données massives qui facilitent la mise en corrélation des informations collectées. L'objectif est de révéler des motifs, des connexions et des comportements invisibles à l'œil nu, mais qui peuvent être cruciaux dans le contexte d'une enquête.

En parallèle, l'analyse des fuites de données doit être complétée par une stratégie de vérification rigoureuse. Cela implique de recourir à des techniques de cross-checking pour confirmer les informations obtenues à partir de plusieurs sources indépendantes. L'intégrité et la fiabilité des données sont essentielles pour garantir que les conclusions tirées soient fondées et défendables.

Les leaks peuvent également être une source précieuse pour anticiper les menaces futures. En analysant les tendances et les comportements révélés par les données fuitées, les analystes peuvent identifier des vulnérabilités systémiques ou des schémas d'attaques récurrents. Cette capacité prédictive renforce la position proactive des équipes de cybersécurité, leur permettant de mettre en place des mesures de prévention plus efficaces.

Enfin, l'exploitation des leaks et fuites de données doit être intégrée dans un cadre de formation continue pour les analystes OSINT. Les techniques évoluent rapidement, et il est crucial que les professionnels se maintiennent à jour avec les dernières méthodes et outils disponibles. Les formations spécialisées et les exercices de simulation permettent de développer les compétences nécessaires pour naviguer dans cet environnement complexe et dynamique, tout en respectant les normes éthiques et légales.

Utilisation Avancée de VPNs et Proxys

Dans le monde complexe de l'investigation numérique, l'utilisation avancée de VPNs et de proxys s'avère être une compétence essentielle pour les analystes OSINT. Ces outils jouent un rôle crucial dans la préservation de l'anonymat et la sécurité lors de la collecte d'informations sensibles. Les VPNs, ou réseaux privés virtuels, permettent de masquer l'adresse IP d'un utilisateur, créant ainsi une connexion sécurisée et cryptée entre l'appareil de l'utilisateur et le serveur VPN. Cela protège non seulement la confidentialité de l'utilisateur, mais permet également d'accéder à des contenus géo-restreints, ce qui est souvent crucial pour obtenir des informations pertinentes dans certaines enquêtes.

Les proxys, quant à eux, agissent comme des intermédiaires entre l'utilisateur et l'internet. En acheminant la requête de l'utilisateur à travers un serveur proxy, l'adresse IP réelle de l'utilisateur est masquée, offrant ainsi une couche supplémentaire de confidentialité. Les proxys peuvent être particulièrement utiles pour contourner les restrictions imposées par les sites web ou les gouvernements, permettant ainsi aux analystes d'accéder à des données qui seraient autrement inaccessibles.

L'intégration de ces outils dans une stratégie OSINT nécessite une compréhension approfondie de leurs fonctionnalités et de leurs limitations. Par exemple, tous les VPNs ne sont pas créés égaux; certains peuvent conserver des journaux de connexions, ce qui pourrait compromettre la sécurité de l'utilisateur. Il est donc impératif de choisir des fournisseurs de VPN qui garantissent une politique stricte de non-conservation des logs. De même, l'utilisation de proxys publics peut présenter des risques de sécurité, car ces services peuvent être compromis ou malveillants. Opter pour des proxys privés ou des réseaux de proxys de confiance est recommandé pour des opérations sensibles.

Outre la sécurité, l'utilisation de VPNs et de proxys peut également influencer la vitesse de connexion. Les analystes doivent être conscients que le routage des connexions à travers ces outils peut entraîner des ralentissements, ce qui pourrait affecter l'efficacité de la collecte de données en temps réel. Par conséquent, il est crucial de tester et d'optimiser ces configurations pour équilibrer sécurité et performance.

Enfin, l'utilisation éthique de ces technologies doit toujours être une priorité. Les analystes doivent s'assurer que leurs activités respectent les lois locales et internationales. L'usage de VPNs et de proxys ne doit pas être perçu comme un moyen de contourner les lois, mais comme un outil pour protéger la vie privée et la sécurité dans un environnement numérique de plus en plus hostile.

En somme, la maîtrise des VPNs et des proxys est indispensable pour les professionnels de l'OSINT. Ces technologies, lorsqu'elles sont utilisées correctement, offrent une protection inestimable et ouvrent des portes vers des informations qui pourraient autrement rester cachées. Elles constituent un pilier fondamental dans l'arsenal des outils d'un analyste moderne, assurant que leurs investigations soient menées de manière sécurisée et efficace.

Création et Gestion d'Identités Numériques

Dans un monde où les interactions numériques sont omniprésentes, la création et la gestion d'identités numériques deviennent essentielles pour naviguer dans l'univers complexe d'OSINT. La première étape consiste à comprendre l'importance stratégique des identités numériques dans le cadre des enquêtes. Ces identités peuvent être utilisées pour infiltrer des réseaux, collecter des informations ou simplement pour observer sans se faire remarquer. La création d'une identité numérique nécessite une planification minutieuse. Il est crucial de développer un personnage crédible, soutenu par un historique en ligne cohérent et des profils sur les réseaux sociaux qui semblent authentiques.

La gestion de ces identités exige une attention constante pour éviter toute détection ou compromission. Cela implique l'utilisation de techniques avancées de sécurité, comme l'utilisation de VPNs et de proxys pour masquer l'origine des connexions et maintenir l'anonymat. De plus, il est essentiel de tenir à jour les informations associées à ces identités, en les adaptant continuellement aux évolutions du contexte numérique et des plateformes utilisées.

Les identités numériques ne sont pas uniquement des outils d'observation; elles peuvent également jouer un rôle actif dans les stratégies d'influence et de désinformation. En participant à des discussions en ligne ou en partageant des informations, ces identités peuvent influencer l'opinion publique ou déstabiliser des narratifs adverses. Cependant, cette utilisation doit être soigneusement contrôlée pour ne pas enfreindre les lois et règlements en vigueur, tout en respectant l'éthique professionnelle.

La gestion d'identités numériques s'accompagne de défis techniques et éthiques. Sur le plan technique, il est nécessaire de maîtriser les outils de création et de gestion de profils, ainsi que les méthodes de contournement des systèmes de détection automatisés. Sur le plan éthique, l'utilisation de fausses identités soulève des questions sur la légitimité et les conséquences potentielles de telles actions. Les analystes doivent être formés pour naviguer ces dilemmes, en assurant un équilibre entre efficacité opérationnelle et respect des normes éthiques.

En conclusion, la création et la gestion d'identités numériques sont des compétences cruciales pour tout analyste OSINT. Elles permettent d'accéder à des informations inaccessibles autrement et d'opérer dans l'ombre des réseaux numériques. Cependant, elles nécessitent une formation rigoureuse et une gestion attentive pour être utilisées de manière efficace et éthique. La maîtrise de ces compétences ouvre la voie à des enquêtes plus profondes et à une compréhension plus nuancée du paysage numérique.

Chapitre 7: Entraînement et Mise en Pratique

Exercices de Simulation en Environnement Hostile

Dans un contexte où l'information est devenue une arme stratégique, les exercices de simulation en environnement hostile sont essentiels pour préparer les analystes OSINT à naviguer dans des situations complexes et potentiellement dangereuses. Ces simulations plongent les participants dans des scénarios où ils doivent identifier, analyser et neutraliser des menaces d'information en temps réel, tout en gérant les pressions d'un environnement hostile.

Les exercices commencent par la mise en place de cas pratiques d'identification et de traçage. Les participants sont confrontés à des scénarios réalistes où des informations trompeuses circulent rapidement, et où la capacité à discerner le vrai du faux est cruciale. Chaque exercice est conçu pour imiter les conditions d'une crise informationnelle, où la propagation rapide de la désinformation peut avoir des conséquences graves. Les analystes doivent utiliser des techniques avancées pour suivre la trace des informations jusqu'à leur source et évaluer leur véracité.

Ces simulations mettent également en lumière l'importance de la collaboration et de la communication au sein des équipes. Les analystes doivent travailler ensemble pour partager des informations, formuler des stratégies et prendre des décisions éclairées sous pression. La gestion efficace des ressources humaines et des outils technologiques est cruciale pour le succès de ces exercices.

De plus, les participants sont encouragés à développer des réflexes analytiques aiguisés en réponse à des signaux faibles et à des menaces émergentes. Les scénarios sont conçus pour tester la capacité des analystes à anticiper les mouvements des adversaires et à adapter leurs méthodes en conséquence. Cela inclut l'utilisation de techniques de profilage et d'analyse comportementale pour comprendre les motivations et les stratégies des acteurs malveillants.

En outre, les exercices de simulation servent de terrain d'entraînement pour tester de nouvelles méthodologies et technologies OSINT. Les participants ont l'occasion d'expérimenter avec des outils innovants et d'explorer des approches créatives pour résoudre des problèmes complexes. Cela favorise une culture d'innovation et d'adaptabilité, essentielle pour faire face aux défis imprévisibles de l'environnement informationnel moderne.

Enfin, ces exercices permettent de renforcer la résilience cognitive des analystes. En les exposant à des environnements où l'information est manipulée et où les pressions psychologiques sont élevées, les simulations aident à développer une pensée critique robuste et une capacité à rester concentré et efficace, même dans les situations les plus stressantes. Les leçons tirées de ces exercices sont inestimables, car elles préparent les analystes à faire face aux défis réels et à protéger l'intégrité de l'information dans un monde où la vérité est souvent la première victime du conflit.

Capture The Flag et Compétitions OSINT

Dans le monde dynamique de la cybersécurité, les compétitions de type Capture The Flag (CTF) et les concours OSINT se distinguent comme des plateformes d'apprentissage et de perfectionnement exceptionnelles. Ces événements, souvent organisés sous la forme de défis interactifs, permettent aux participants de tester et d'améliorer leurs compétences en matière de renseignement en sources ouvertes (OSINT).

Les compétitions CTF sont conçues pour simuler des scénarios réels où les participants doivent résoudre une série de problèmes variés allant de la cryptographie à l'analyse de données, en passant par la recherche d'informations cachées sur le web. Chaque problème résolu rapporte des points, et l'équipe ou l'individu avec le plus de points à la fin de la compétition est déclaré vainqueur. Ces compétitions sont non seulement un excellent moyen de développer des réflexes analytiques, mais elles favorisent également la créativité et la pensée critique, des compétences essentielles dans le domaine de l'OSINT.

Les compétitions OSINT, quant à elles, se concentrent spécifiquement sur l'art de collecter et d'analyser des informations disponibles publiquement. Les participants doivent souvent traquer des informations sur des individus ou des organisations en utilisant des techniques avancées de recherche sur les moteurs de recherche, l'exploitation des réseaux sociaux, et l'exploration du web profond. Ces compétitions mettent en lumière l'importance de la vérification des sources et de la validation des informations dans un monde où la désinformation est omniprésente.

Ces compétitions encouragent également le travail en équipe et la répartition des rôles, ce qui est crucial dans le contexte professionnel où les analystes OSINT doivent souvent collaborer pour résoudre des problèmes complexes. Le travail en équipe permet de combiner différentes perspectives et compétences, ce qui peut mener à des solutions plus innovantes et efficaces.

En participant à ces compétitions, les analystes acquièrent une expérience précieuse qui peut être directement appliquée dans leur travail quotidien. Ils apprennent à penser comme des attaquants potentiels, ce qui leur permet d'anticiper et de mieux comprendre les menaces auxquelles ils pourraient être confrontés. De plus, ces événements sont souvent l'occasion de rencontrer et d'échanger avec d'autres professionnels du domaine, enrichissant ainsi leur réseau professionnel et leur connaissance des dernières tendances et technologies en matière de cybersécurité.

En somme, les compétitions de type Capture The Flag et les concours OSINT représentent un outil pédagogique puissant qui combine apprentissage pratique, développement des compétences analytiques, et renforcement de la collaboration. Elles préparent les participants à relever les défis complexes du renseignement en sources ouvertes, tout en stimulant leur passion pour la cybersécurité.

Scénarios de Désinformation en Temps Réel

Dans le cadre de l'analyse OSINT, la désinformation en temps réel représente un défi majeur pour les analystes. Cette pratique consiste à manipuler l'information afin de semer le doute ou de fausser la perception de la réalité parmi le public. Les scénarios de désinformation peuvent survenir à travers divers canaux numériques, notamment les réseaux sociaux, les forums en ligne, et les plateformes de partage de vidéos. L'impact de ces actions est souvent amplifié par la vitesse de diffusion des informations sur Internet, rendant la tâche de vérification et de correction d'autant plus complexe.

La désinformation prend généralement la forme de fausses nouvelles, de rumeurs infondées, ou de contenus altérés. Ces éléments sont souvent conçus pour paraître authentiques et crédibles, ce qui rend leur détection difficile sans une analyse approfondie. Les analystes OSINT doivent donc être équipés d'outils sophistiqués et de méthodologies rigoureuses pour identifier et neutraliser ces menaces. L'utilisation de techniques de vérification des faits, de recherche inversée d'images, et d'analyse des métadonnées sont essentielles pour démêler le vrai du faux.

Un autre aspect crucial dans la gestion des scénarios de désinformation est l'analyse comportementale des acteurs impliqués. Comprendre les motivations sous-jacentes et les schémas d'action des auteurs de désinformation peut fournir des indices précieux sur les objectifs poursuivis et les méthodes employées. Par exemple, certains acteurs peuvent être motivés par des gains politiques, tandis que d'autres cherchent à perturber l'ordre social ou économique.

La collaboration entre les différents acteurs de la cybersécurité et les plateformes numériques est également essentielle pour contrer efficacement la désinformation. Les plateformes doivent être en mesure de détecter rapidement les contenus suspects et de prendre des mesures appropriées pour limiter leur propagation. Cela peut inclure le retrait de contenus, la mise en place d'alertes pour les utilisateurs, ou la collaboration avec les autorités compétentes pour enquêter sur les sources de désinformation.

La formation continue des analystes OSINT est nécessaire pour garder une longueur d'avance sur les techniques de désinformation en constante évolution. Les exercices de simulation et les scénarios pratiques permettent aux analystes de renforcer leurs compétences en matière de détection et de réponse aux menaces. En développant une compréhension approfondie des techniques de manipulation de l'information et en utilisant des outils d'analyse avancés, les professionnels de l'OSINT peuvent jouer un rôle crucial dans la protection de l'intégrité de l'information en ligne.

Gestion des Situations de Crise Informationnelle

Dans un monde où l'information circule à une vitesse fulgurante, la gestion des situations de crise informationnelle devient un enjeu crucial pour les analystes OSINT. Ces crises, caractérisées par une surcharge d'informations, une désinformation massive ou une manipulation intentionnelle des données, peuvent avoir des conséquences dévastatrices sur les organisations et les individus. La capacité à naviguer dans ces eaux tumultueuses repose sur une compréhension approfondie des mécanismes sous-jacents et sur l'application de stratégies efficaces.

Lorsqu'une crise informationnelle survient, la première étape consiste à établir un cadre d'analyse rigoureux. Cela implique de définir clairement les objectifs de l'enquête, d'identifier les sources d'information pertinentes et de structurer les données de manière à faciliter leur interprétation. Les analystes doivent être capables de distinguer les informations fiables des rumeurs et des fausses nouvelles, en s'appuyant sur des techniques de vérification éprouvées et des méthodologies d'analyse critique.

Les biais cognitifs représentent un défi majeur dans la gestion des crises informationnelles. Ces biais, qui influencent notre perception et notre interprétation des données, peuvent conduire à des conclusions erronées. Une sensibilisation aux biais les plus courants, tels que le biais de confirmation ou l'effet d'ancrage, est essentielle pour maintenir une objectivité analytique. En outre, l'influence des émotions et des croyances personnelles sur la prise de décision doit être reconnue et atténuée pour éviter les erreurs d'interprétation.

La communication joue également un rôle clé dans la gestion des crises informationnelles. Une communication claire, précise et transparente est nécessaire pour maintenir la confiance des parties prenantes et pour éviter la propagation de la désinformation. Les analystes doivent être capables de transmettre leurs conclusions de manière compréhensible, en adaptant leur message au public cible et en utilisant des supports visuels pour renforcer l'impact de leurs analyses.

Face aux crises informationnelles, la résilience cognitive devient une compétence indispensable. Elle permet aux analystes de rester flexibles et adaptables face à l'évolution rapide des événements. Le développement de cette résilience passe par des exercices réguliers de simulation de crise, qui préparent les équipes à réagir efficacement sous pression. Ces exercices simulent des scénarios réalistes de désinformation et de surcharge d'informations, offrant aux analystes l'opportunité de renforcer leurs compétences analytiques et décisionnelles.

En conclusion, la gestion des situations de crise informationnelle nécessite une combinaison de compétences analytiques, de stratégies de communication et de résilience cognitive. Les analystes doivent être formés pour naviguer dans un paysage informationnel complexe et en constante évolution, en s'appuyant sur des outils et des méthodologies avancés pour identifier, analyser et contrer les menaces informationnelles. Seule une approche intégrée et proactive permettra de surmonter les défis posés par ces crises, assurant ainsi la sécurité et la stabilité des systèmes d'information.

Développement de Réflexes Analytiques

Le développement de réflexes analytiques est essentiel pour tout analyste OSINT souhaitant exceller dans son domaine. Ces réflexes permettent de traiter et d'interpréter efficacement une vaste quantité de données, souvent sous pression de temps et dans des environnements incertains. L'aptitude à identifier rapidement les informations pertinentes tout en écartant les données superflues est cruciale. Cela nécessite une combinaison de compétences techniques et de jugement analytique affiné.

L'analyse OSINT repose sur l'interprétation de traces numériques laissées par les individus, qu'elles soient volontaires ou involontaires. Ces traces, qui incluent des publications sur les réseaux sociaux, des métadonnées et des historiques de navigation, constituent une source d'informations précieuse. Un analyste doit être capable de suivre ces indices pour remonter jusqu'aux sources originales, établir des connexions significatives et interpréter les données dans leur contexte global.

La formation pour développer ces réflexes analytiques implique une immersion dans des scénarios réalistes où les analystes sont confrontés à des défis variés. Ces exercices pratiques renforcent la capacité à réagir rapidement et efficacement face à des situations complexes. En simulant des environnements hostiles, les analystes apprennent à gérer des situations de crise informationnelle, à identifier des signaux faibles dans un flot constant de données et à déjouer les tentatives de désinformation.

Le travail en équipe est également un aspect fondamental du développement de réflexes analytiques. La collaboration permet de croiser les perspectives, d'affiner les analyses et de partager des approches méthodologiques variées. Les compétitions OSINT, telles que les exercices de Capture The Flag (CTF), offrent une plateforme idéale pour tester et améliorer ces compétences en temps réel. Participer à ces défis interactifs stimule non seulement l'esprit d'équipe mais favorise aussi l'innovation et l'adaptabilité.

En parallèle, l'utilisation d'outils technologiques avancés joue un rôle clé dans l'amélioration des réflexes analytiques. Les logiciels de cartographie de données et les outils de traçage d'identités numériques permettent de visualiser des relations complexes et d'anticiper les actions futures des acteurs suspects. Ces technologies, combinées à une pensée critique rigoureuse, permettent aux analystes de naviguer dans des environnements numériques de plus en plus sophistiqués.

La mise en pratique régulière de ces compétences dans un cadre structuré assure une amélioration continue des capacités analytiques. En intégrant des méthodologies éprouvées et des ressources pédagogiques de qualité, les analystes renforcent leur aptitude à exploiter pleinement le potentiel de l'OSINT. Cette démarche proactive est indispensable pour anticiper les menaces émergentes et élaborer des stratégies de renseignement efficaces. Ainsi, le développement de réflexes analytiques ne se limite pas à une simple acquisition de compétences techniques, mais constitue un processus dynamique d'apprentissage et d'adaptation constante.

Chapitre 8: OSINT et Cybersécurité Proactive

Surveillance Comportementale

Dans le domaine de l'investigation numérique, la surveillance comportementale émerge comme un pilier fondamental pour anticiper et comprendre les actions des individus. Cette discipline s'appuie sur l'analyse des empreintes numériques laissées par les utilisateurs à travers leurs interactions en ligne, qu'elles soient volontaires ou involontaires. En exploitant ces traces, il devient possible de déceler des schémas de comportement qui pourraient indiquer des intentions malveillantes ou criminelles.

L'analyse comportementale s'est développée à partir des méthodes de renseignement utilisées aux États-Unis et a été intégrée en France depuis les années 2000, notamment au sein des forces de gendarmerie. Cette approche permet de profiler les criminels en série et de détecter des comportements suspects avant qu'ils ne se concrétisent en actes. Par essence, elle repose sur l'observation minutieuse des habitudes numériques, des préférences de communication et des réseaux sociaux fréquentés par les individus.

L'Open Source Intelligence (OSINT) joue un rôle crucial dans cette surveillance. Les analystes OSINT utilisent des outils spécialisés pour cartographier les relations entre individus, organisations et événements. Par exemple, des logiciels comme Maltego permettent de visualiser les connexions qui ne sont pas immédiatement apparentes, révélant ainsi des réseaux cachés et des influences sous-jacentes. Ces outils facilitent l'identification des tendances et des comportements suspects, offrant ainsi une vision plus claire des menaces potentielles.

Dans le contexte de la cybersécurité proactive, la surveillance comportementale ne se limite pas à la simple collecte de données après un incident. Elle devient un outil de prévention, permettant d'identifier précocement les comportements criminels et de prendre des mesures pour les contrer avant qu'ils ne causent des dommages. Les empreintes numériques, telles que les historiques de navigation et les métadonnées, sont analysées pour détecter des anomalies et des incohérences qui pourraient signaler un risque.

L'intégration de la surveillance comportementale dans les enquêtes de cybersécurité et de criminalistique est essentielle pour une approche complète et efficace. Elle permet non seulement de réagir aux incidents, mais aussi de les anticiper grâce à une compréhension approfondie des comportements numériques. Cette méthodologie, combinée à une exploitation avancée de l'OSINT, représente une avancée significative dans la lutte contre la cybercriminalité et la protection des infrastructures critiques.

Ainsi, la surveillance comportementale, en s'appuyant sur une analyse rigoureuse des données ouvertes, devient indispensable pour les analystes souhaitant non seulement comprendre les menaces actuelles, mais aussi prédire les actions futures des acteurs malveillants. En cultivant une approche interdisciplinaire, les enquêteurs peuvent non seulement suivre les traces laissées par les criminels, mais aussi anticiper leurs prochaines étapes, assurant ainsi une sécurité renforcée et une meilleure protection des informations sensibles.

Collecte de Données OSINT

Dans l'univers complexe de l'investigation moderne, l'Open Source Intelligence (OSINT) joue un rôle primordial pour comprendre et anticiper les dynamiques informationnelles. La collecte de données OSINT représente une étape cruciale dans ce processus, où chaque fragment d'information peut se révéler essentiel. Cette démarche s'appuie sur une méthodologie rigoureuse, visant à extraire des données pertinentes de sources ouvertes accessibles à tous, mais souvent négligées.

L'OSINT exploite un large éventail de sources, allant des moteurs de recherche aux bases de données en ligne, en passant par les réseaux sociaux et les forums. Les analystes doivent naviguer à travers cette mer de données avec précision, en utilisant des outils techniques avancés tels que le Google Dorking, qui permet d'effectuer des recherches précises et ciblées en exploitant des opérateurs spécifiques. L'automatisation de la collecte, par le biais de techniques de scraping, permet de traiter de grandes quantités d'informations, optimisant ainsi le temps et les ressources nécessaires pour l'analyse.

Les réseaux sociaux constituent une mine d'informations particulièrement riche pour la collecte OSINT. Ils offrent un aperçu des comportements, des opinions et des interactions humaines à une échelle sans précédent. L'analyse comportementale des utilisateurs permet de détecter des signaux faibles et d'identifier des tendances émergentes. De plus, les analystes doivent faire preuve de discernement pour identifier les faux profils et les réseaux de désinformation qui peuvent influencer l'opinion publique et manipuler les perceptions.

L'exploration du Dark Web représente une dimension supplémentaire de la collecte OSINT. Cet espace, souvent associé à l'anonymat et aux activités illégales, abrite des forums et des marketplaces où des informations sensibles peuvent être échangées. Les analystes doivent déployer des méthodes d'infiltration et d'observation pour accéder à ces réseaux, tout en respectant les cadres légaux et éthiques. La capacité à tracer et corréler les identités numériques dans ce contexte est essentielle pour comprendre les dynamiques souterraines qui échappent à la surface du web traditionnel.

L'un des défis majeurs de la collecte de données OSINT réside dans la vérification et l'authenticité des informations recueillies. L'analyste doit être capable de distinguer les faits des rumeurs, en s'appuyant sur des techniques de cross-checking et de validation des sources. La détection d'anomalies et d'incohérences devient alors une compétence clé pour assurer la fiabilité des conclusions tirées.

En somme, la collecte de données OSINT nécessite une approche méthodique et multidisciplinaire, combinant des compétences techniques et analytiques. Elle requiert également une vigilance constante face aux évolutions technologiques et aux nouvelles menaces informationnelles. Le succès de cette entreprise repose sur la capacité des analystes à s'adapter et à innover, tout en maintenant une intégrité et une rigueur sans faille dans l'exploitation des sources ouvertes.

Prévention des Comportements Criminels

Dans le cadre de la prévention des comportements criminels, l'utilisation de l'OSINT (Open Source Intelligence) se révèle être une stratégie incontournable. Cette approche repose sur l'exploitation des données accessibles au public pour identifier et anticiper les comportements déviants. Les analystes OSINT s'appuient sur une variété d'outils et de techniques pour surveiller les activités en ligne, détecter des anomalies comportementales et établir des profils de risque.

La surveillance comportementale joue un rôle crucial dans l'identification précoce des comportements criminels. En observant les interactions sur les réseaux sociaux et les forums en ligne, les experts peuvent repérer des signaux faibles qui, une fois analysés, révèlent des intentions malveillantes ou des tendances à la radicalisation. Les outils d'analyse comportementale permettent de cartographier les relations entre individus, d'identifier des réseaux potentiellement dangereux, et de prévenir des actes criminels avant qu'ils ne se concrétisent.

L'importance de l'OSINT réside également dans sa capacité à intégrer des données issues de diverses sources pour fournir une vue d'ensemble des menaces potentielles. Les analystes utilisent des méthodes avancées telles que le scraping de données, la recherche inversée d'images, et l'analyse des métadonnées pour extraire des informations pertinentes. Ces techniques permettent non seulement de détecter les comportements suspects, mais aussi de remonter aux sources de désinformation et de propagande.

La cybersécurité proactive est un autre aspect essentiel de la prévention des comportements criminels. Au lieu de se limiter à la réaction post-incident, l'OSINT permet une intervention en amont, en identifiant les vulnérabilités et en anticipant les attaques potentielles. Les enquêtes numériques exploitent les empreintes digitales laissées par les criminels pour recueillir des preuves électroniques et renforcer la sécurité des systèmes.

L'intégration de l'OSINT dans les enquêtes de cybersécurité et de criminalistique offre une perspective nouvelle sur la lutte contre la criminalité. En combinant le profilage criminel avec l'analyse des données numériques, les forces de l'ordre peuvent développer des stratégies de prévention plus efficaces. Cette approche permet de cibler non seulement les auteurs d'actes criminels, mais aussi les réseaux qui les soutiennent.

En conclusion, la prévention des comportements criminels grâce à l'OSINT repose sur une analyse minutieuse des données accessibles au public. Cette méthode, qui allie technologie et expertise humaine, constitue un pilier fondamental dans la construction de stratégies de sécurité modernes. Elle nécessite une collaboration étroite entre les analystes, les forces de l'ordre, et les experts en cybersécurité pour créer un environnement où les menaces peuvent être identifiées et neutralisées avant qu'elles n'atteignent leur plein potentiel destructeur.

Utilisation d'Outils Spécialisés

Dans le domaine de l'investigation moderne, l'utilisation d'outils spécialisés représente un atout indispensable pour l'analyse des sources ouvertes. Ces outils, conçus pour extraire, analyser et corréler des informations provenant de diverses plateformes, facilitent la détection de schémas et de connexions qui, autrement, resteraient invisibles à l'œil nu. L'un des outils les plus emblématiques dans ce domaine est Maltego, qui permet de cartographier les relations entre individus, organisations et événements à travers une visualisation graphique interactive.

L'efficacité de ces outils repose sur leur capacité à traiter de vastes quantités de données en un temps record, en automatisant des tâches qui seraient autrement fastidieuses et chronophages. Grâce à des algorithmes avancés, ils peuvent identifier des anomalies, des tendances, ou des comportements suspects en exploitant des empreintes numériques laissées volontairement ou involontairement par les utilisateurs. Les analystes peuvent ainsi anticiper des actions ou des menaces potentielles, ce qui est crucial dans un contexte où la cybercriminalité ne cesse de croître.

Les outils spécialisés ne se limitent pas à la simple collecte d'informations. Ils intègrent des fonctionnalités d'analyse comportementale, permettant de profiler des individus sur la base de leurs interactions en ligne. Cette capacité à comprendre et à prédire les comportements humains est essentielle pour les enquêtes de cybersécurité et les opérations de renseignement. Par exemple, en analysant les interactions sur les réseaux sociaux, il est possible de détecter des faux profils ou des campagnes de désinformation coordonnées.

Un autre aspect crucial de l'utilisation d'outils spécialisés est l'amélioration continue des capacités d'investigation. Les développeurs de ces outils travaillent constamment à l'intégration de nouvelles fonctionnalités, telles que l'analyse des métadonnées, la recherche inversée d'images, ou l'exploration du dark web. Ces améliorations permettent aux analystes de rester à la pointe de la technologie et d'adapter leurs méthodes face à des menaces toujours plus sophistiquées.

Il est également important de noter que ces outils ne sont pas uniquement réservés aux forces de l'ordre ou aux agences gouvernementales. De nombreuses entreprises privées les utilisent pour protéger leurs actifs, surveiller leur réputation en ligne, ou encore pour des analyses concurrentielles. L'accessibilité accrue de ces technologies a démocratisé l'utilisation de l'OSINT, ouvrant de nouvelles perspectives pour la sécurité et l'intelligence économique.

En conclusion, l'utilisation d'outils spécialisés dans le cadre de l'OSINT offre des avantages considérables en termes d'efficacité, de précision et de profondeur d'analyse. Ils permettent de transformer des données brutes en informations exploitables, tout en ouvrant la voie à de nouvelles méthodes d'investigation. Dans un monde où l'information est une ressource clé, ces outils apparaissent comme des alliés indispensables pour naviguer dans l'océan de données auquel nous sommes confrontés chaque jour.

Anticipation des Actions Suspectes

Dans le domaine de l'intelligence en sources ouvertes (OSINT), anticiper les actions suspectes est un aspect crucial pour prévenir les menaces potentielles. L'analyse comportementale joue un rôle central dans ce processus, permettant d'identifier des schémas et des signaux avant-coureurs qui pourraient indiquer une activité malveillante imminente. Les analystes OSINT s'appuient sur des techniques avancées pour décrypter les comportements en ligne et les interactions numériques, ce qui nécessite une compréhension approfondie des motivations et des méthodes des acteurs potentiellement hostiles.

L'anticipation des actions suspectes commence par la surveillance des comportements en ligne, où chaque mouvement, aussi subtil soit-il, peut révéler des intentions sous-jacentes. Les analystes doivent être en mesure de distinguer les comportements normaux des anomalies, souvent en analysant des volumes massifs de données issues des réseaux sociaux, des forums en ligne, et d'autres plateformes numériques. Cette tâche est facilitée par l'utilisation d'outils spécialisés qui automatisent la collecte et l'analyse de données, permettant ainsi aux analystes de se concentrer sur l'interprétation des résultats.

L'OSINT permet également d'identifier des tendances comportementales qui, lorsqu'elles sont analysées dans leur contexte, peuvent fournir des indices précieux sur des actions futures. Par exemple, un changement soudain dans le ton ou la fréquence des communications d'un individu peut indiquer une préparation à une action coordonnée. De même, l'association de certains individus à des groupes ou à des idéologies spécifiques peut être un indicateur de radicalisation ou de mobilisation.

En plus de l'analyse des comportements individuels, il est essentiel de comprendre les dynamiques de groupe et comment elles peuvent influencer les actions suspectes. Les communautés en ligne peuvent servir de catalyseurs pour des comportements coordonnés, où les individus partagent des ressources, des stratégies, et des encouragements mutuels. Les analystes doivent donc être capables de cartographier ces réseaux et de suivre l'évolution des discours et des alliances au sein de ces groupes.

L'anticipation des actions suspectes ne se limite pas à l'analyse des données passées et présentes. Elle implique également une capacité à prédire les mouvements futurs en utilisant des modèles prédictifs et des simulations. Ces outils permettent de tester divers scénarios hypothétiques et d'évaluer les probabilités de différentes actions, fournissant ainsi une base pour le développement de stratégies de réponse appropriées.

Enfin, l'anticipation des actions suspectes exige une collaboration étroite entre différents acteurs, y compris les agences gouvernementales, les entreprises privées, et les experts en cybersécurité. Le partage d'informations et l'échange de meilleures pratiques sont essentiels pour renforcer la capacité collective à détecter et à prévenir les menaces potentielles. En fin de compte, la clé réside dans la capacité à intégrer rapidement de nouvelles informations et à adapter les stratégies en fonction de l'évolution du paysage des menaces.

Chapitre 9: Analyse Criminelle et Investigation Numérique

Profilage Criminel

Dans le domaine complexe de l'investigation criminelle, le profilage criminel s'impose comme un outil clé pour comprendre et anticiper les comportements déviants. Cette approche, qui trouve ses racines dans les méthodes de renseignement et d'investigation développées aux États-Unis, s'est progressivement intégrée au sein des forces de gendarmerie françaises depuis les années 2000. Elle permet de profiler des criminels en série et de détecter des comportements suspects grâce à une analyse fine des données disponibles.

Le profilage criminel s'appuie sur l'analyse comportementale, une discipline qui étudie les actions et les motivations des individus pour établir des patterns comportementaux. Ces patterns sont essentiels pour les enquêteurs, car ils offrent des indices précieux sur la manière dont un criminel pourrait agir à l'avenir. En combinant l'analyse comportementale avec les données numériques, les enquêteurs peuvent non seulement comprendre les motivations sous-jacentes mais aussi anticiper les mouvements futurs des suspects.

L'OSINT, ou Open Source Intelligence, joue un rôle crucial dans ce contexte. En exploitant les données accessibles publiquement, telles que les publications sur les réseaux sociaux, les historiques de navigation et d'autres traces numériques, les analystes peuvent établir des liens entre des individus, des organisations et des événements. Des outils spécialisés, comme Maltego, permettent de cartographier ces relations, révélant ainsi des connexions qui seraient autrement invisibles. Cette capacité à relier des informations disparates est un atout majeur dans la lutte contre la criminalité organisée et le terrorisme.

La montée en puissance de la cybersécurité proactive a également transformé le profilage criminel. Autrefois limité à la récupération de preuves après un incident, le domaine de l'investigation numérique s'oriente désormais vers la prévention. En surveillant les comportements suspects et en collectant des données OSINT, les enquêteurs peuvent identifier précocement des activités criminelles, réduisant ainsi le risque de dommages.

Cette évolution des techniques d'enquête est marquée par une convergence entre le profilage criminel et la cybercriminalité. Les criminels modernes laissent inévitablement des traces numériques qui peuvent être exploitées lors des enquêtes. L'analyse comportementale, lorsqu'elle est couplée aux données numériques, devient un puissant outil prédictif, permettant non seulement de réagir aux crimes mais aussi de les prévenir.

En somme, le profilage criminel, enrichi par l'OSINT et les avancées en cybersécurité, représente une avancée significative dans la manière dont les forces de l'ordre appréhendent la criminalité. En intégrant ces diverses approches, les enquêteurs peuvent adopter une vision plus holistique et proactive, mieux adaptée aux défis de la criminalité contemporaine.

Empreintes Numériques

Dans le monde numérique d'aujourd'hui, chaque individu, qu'il en soit conscient ou non, laisse derrière lui une multitude de traces numériques. Ces empreintes, qu'elles soient laissées volontairement à travers des publications sur les réseaux sociaux, ou involontairement via des métadonnées et des historiques de navigation, représentent une richesse inestimable pour les analystes OSINT. L'identification, la collecte et l'interprétation de ces traces numériques sont essentielles pour établir des liens pertinents et remonter aux sources d'information.

Les empreintes numériques sont omniprésentes et se manifestent sous différentes formes. Les publications sur les réseaux sociaux, par exemple, révèlent souvent des informations personnelles, des opinions et des comportements qui peuvent être analysés pour comprendre les motivations et les actions d'un individu. De même, les interactions en ligne, telles que les commentaires ou les partages, fournissent des indices sur les relations sociales et les réseaux d'une personne.

En outre, les métadonnées associées à chaque activité en ligne jouent un rôle crucial dans l'investigation numérique. Ces données, souvent invisibles pour l'utilisateur moyen, incluent des informations telles que l'heure et la date d'une interaction, l'emplacement géographique, et même des informations techniques sur le dispositif utilisé. Pour un analyste OSINT, ces métadonnées peuvent être exploitées pour établir des chronologies d'événements ou pour localiser un utilisateur avec une précision surprenante.

L'historique de navigation, quant à lui, révèle les centres d'intérêt et les habitudes d'un individu. En analysant les sites visités et les recherches effectuées, les enquêteurs peuvent obtenir un aperçu des préoccupations et des intentions potentielles d'une personne. De plus, les fuites de données, bien que souvent perçues comme une menace pour la vie privée, constituent une mine d'informations pour ceux qui savent comment les exploiter.

Un autre aspect important des empreintes numériques est la manière dont elles peuvent être utilisées pour profiler des criminels ou pour anticiper des comportements suspects. En combinant l'analyse comportementale avec les données numériques, les enquêteurs peuvent non seulement retracer les actions passées d'un individu, mais aussi prédire ses mouvements futurs. Cela est particulièrement pertinent dans le contexte de la cybercriminalité, où les traces laissées par les criminels peuvent être exploitées pour les identifier et les appréhender.

L'utilisation de l'OSINT pour analyser les empreintes numériques nécessite une méthodologie rigoureuse. Les analystes doivent être formés pour utiliser divers outils et techniques afin de détecter et d'analyser ces traces de manière efficace. Des logiciels spécialisés, tels que Maltego, permettent de visualiser et de cartographier les relations et les connexions qui ne sont pas immédiatement apparentes, facilitant ainsi l'identification de réseaux criminels ou d'activités suspectes.

En somme, dans un monde où la quantité d'informations disponibles en ligne ne cesse de croître, la capacité à exploiter les empreintes numériques devient une compétence indispensable pour les analystes OSINT. Ces traces numériques, lorsqu'elles sont correctement analysées, peuvent fournir des informations précieuses qui contribuent à la sécurité et à la prévention des menaces.

Techniques de Forensic Numérique

Dans le domaine en constante évolution de la criminalistique numérique, les techniques de forensic numérique jouent un rôle crucial dans l'investigation moderne. Ces techniques permettent de récupérer, d'analyser et de préserver des preuves électroniques, essentielles pour résoudre des enquêtes complexes. L'analyse des empreintes numériques laissées par les individus, qu'elles soient volontaires ou involontaires, constitue la pierre angulaire de cette discipline.

L'un des aspects fondamentaux du forensic numérique réside dans la récupération des données effacées ou cachées. Grâce à des outils avancés, les experts peuvent restaurer des fichiers supprimés, accéder à des données chiffrées, et analyser des systèmes de fichiers pour découvrir des preuves cruciales. Cette capacité à exhumer des informations cachées nécessite une connaissance approfondie des systèmes d'exploitation et des structures de stockage.

Une autre technique essentielle est l'analyse des métadonnées, qui permet de retracer l'historique d'un fichier ou d'un document. Les métadonnées fournissent des informations précieuses sur l'origine, la date de création, et les modifications apportées à un fichier. Ces données, souvent négligées, peuvent révéler des indices cruciaux sur la façon dont les informations ont été manipulées et par qui.

L'expertise en forensic numérique s'étend également à l'analyse des réseaux, où les enquêteurs examinent le trafic réseau pour identifier des activités suspectes. L'analyse des logs, la surveillance des paquets de données, et l'identification des adresses IP malveillantes sont des pratiques courantes qui permettent de suivre les activités cybercriminelles et de comprendre les vecteurs d'attaque utilisés par les auteurs.

Dans le cadre des enquêtes sur les appareils mobiles, les techniques de forensic numérique se concentrent sur l'extraction de données des smartphones et des tablettes. Cela inclut l'analyse des messages texte, des journaux d'appels, des données de localisation GPS, et des applications installées. Les appareils mobiles étant omniprésents dans la vie quotidienne, ils représentent une source inestimable d'informations pour les enquêteurs.

Enfin, l'importance de la préservation des preuves ne peut être sous-estimée. Les spécialistes du forensic numérique doivent suivre des protocoles stricts pour garantir que les preuves électroniques sont admissibles devant un tribunal. Cela inclut la documentation minutieuse de chaque étape du processus d'enquête, l'utilisation de copies conformes pour l'analyse, et le respect des normes légales pour la chaîne de possession des preuves.

Globalement, les techniques de forensic numérique sont un élément indispensable de l'investigation moderne, fournissant les outils nécessaires pour découvrir la vérité cachée dans le monde numérique. L'évolution constante des technologies et des techniques d'attaque oblige les experts à rester à la pointe de l'innovation, garantissant ainsi que la justice peut être rendue efficacement dans l'ère numérique.

Dans le domaine de l'investigation cybernétique, l'utilisation des méthodes d'enquête cyber se révèle cruciale pour la détection et l'analyse des cybermenaces. L'évolution rapide de la technologie et l'augmentation des activités cybercriminelles obligent les enquêteurs à adopter des techniques sophistiquées et à rester constamment à la pointe de l'innovation technologique. Les méthodes d'enquête cyber reposent sur une combinaison d'outils numériques avancés, de techniques d'analyse de données et de compétences analytiques pour identifier, suivre et neutraliser les menaces en ligne.

L'une des principales approches utilisées dans les enquêtes cyber est l'analyse des empreintes numériques. Chaque utilisateur laisse derrière lui une trace numérique, que ce soit à travers ses interactions sur les réseaux sociaux, ses activités de navigation ou ses transactions en ligne. Les enquêteurs exploitent ces empreintes pour reconstituer les actions d'un individu ou d'un groupe, en utilisant des outils d'analyse de données qui permettent de cartographier les connexions et de détecter des schémas suspects.

Parmi les outils fréquemment utilisés, on trouve des logiciels d'analyse réseau qui permettent de surveiller le trafic en temps réel et d'identifier des anomalies pouvant indiquer une intrusion ou une activité malveillante. Ces outils sont souvent accompagnés de systèmes de détection d'intrusion (IDS) et de prévention d'intrusion (IPS) qui alertent les enquêteurs en cas de comportement suspect. De plus, l'utilisation de techniques de forensic numérique est essentielle pour récupérer et analyser des preuves électroniques, telles que des fichiers supprimés ou des logs système, afin de comprendre l'ampleur d'une attaque et d'identifier les auteurs.

Les enquêteurs cyber s'appuient également sur des techniques d'ingénierie sociale pour recueillir des informations directement auprès des utilisateurs ou des systèmes ciblés. Cela peut inclure la création de faux profils en ligne pour infiltrer des réseaux sociaux ou des forums, permettant ainsi de collecter des données sur les activités et les interactions des cybercriminels. Cette approche est souvent complétée par l'analyse des comportements en ligne, qui aide à élaborer des profils de suspects et à anticiper leurs actions futures.

En outre, l'utilisation de l'intelligence en sources ouvertes (OSINT) joue un rôle clé dans les enquêtes cyber. Les enquêteurs collectent et analysent des informations accessibles au public, telles que les publications sur les réseaux sociaux, les blogs et les forums, pour identifier des tendances, des connexions et des comportements anormaux. Les outils comme Maltego sont souvent employés pour visualiser et explorer les relations entre individus, organisations et événements, offrant ainsi une vue d'ensemble des réseaux de cybercriminalité.

Enfin, l'intégration de ces méthodes dans une stratégie de cybersécurité proactive permet non seulement de réagir aux incidents après qu'ils se soient produits, mais aussi de prévenir les attaques en identifiant les menaces potentielles avant qu'elles ne se concrétisent. Cela implique une surveillance continue des comportements numériques et l'adoption de mesures préventives pour renforcer la sécurité des systèmes et protéger les données sensibles. Les méthodes d'enquête cyber, en combinant technologie avancée et expertise humaine, constituent ainsi un pilier essentiel dans la lutte contre la cybercriminalité.

Intégration dans les Enquêtes

L'intégration de l'OSINT dans les enquêtes modernes constitue une avancée significative dans le domaine de l'investigation. Les enquêteurs exploitent désormais les sources ouvertes pour améliorer l'efficacité et la précision de leurs investigations. Cette méthode permet de recueillir des informations précieuses à partir de données disponibles publiquement, renforçant ainsi les capacités analytiques des équipes d'investigation. L'OSINT se distingue par sa capacité à fournir des informations en temps réel, essentielles pour comprendre les dynamiques complexes des enquêtes contemporaines.

Les enquêtes traditionnelles reposaient souvent sur des méthodes de collecte d'informations limitées, mais l'intégration de l'OSINT change la donne. Les analystes peuvent désormais accéder à une multitude de données, notamment à travers les réseaux sociaux, les forums en ligne, et d'autres plateformes numériques. Ces sources ouvertes offrent une perspective unique sur les comportements et les relations des individus, souvent invisibles à travers les méthodes d'investigation conventionnelles.

Un aspect crucial de l'intégration de l'OSINT réside dans l'utilisation d'outils technologiques avancés. Des logiciels spécialisés permettent de cartographier les connexions entre individus et événements, révélant des liens qui seraient autrement impossibles à détecter. L'analyse de ces données facilite l'identification de schémas et de tendances, fournissant ainsi un cadre pour anticiper les actions futures des suspects.

La cybersécurité joue également un rôle clé dans l'intégration de l'OSINT. Les enquêteurs doivent être conscients des risques associés à l'accès et à l'exploitation des données en ligne. Une approche proactive en matière de cybersécurité permet non seulement de protéger les informations sensibles, mais aussi d'assurer la légitimité et l'intégrité des données collectées. Les techniques de forensic numérique sont souvent employées pour analyser les empreintes numériques laissées par les suspects, renforçant ainsi la capacité des enquêteurs à remonter aux sources d'informations.

L'OSINT offre également des opportunités pour le développement de nouvelles stratégies d'investigation. En combinant l'analyse comportementale avec les données numériques, les enquêteurs peuvent développer des profils précis des suspects, facilitant ainsi la prédiction de leurs actions. Cette approche intégrée permet une réponse plus rapide et plus efficace aux menaces, améliorant ainsi la sécurité globale.

L'intégration de l'OSINT dans les enquêtes représente une avancée majeure dans le domaine de l'investigation. En exploitant les données ouvertes, les enquêteurs peuvent accéder à des informations cruciales, souvent inaccessibles par d'autres moyens. Cette méthodologie renforce non seulement la capacité à résoudre des enquêtes complexes, mais elle contribue également à l'évolution des techniques d'investigation vers une approche plus holistique et interconnectée. Dans un monde de plus en plus numérique, l'OSINT s'impose comme un outil indispensable pour les professionnels de l'investigation, leur permettant de naviguer efficacement dans l'environnement complexe des données modernes.

Chapitre 10: Analyse des Médias et Déconstruction des Narratifs

Recherche Inversée d'Images

Dans un monde où l'information est omniprésente et accessible à tous, la recherche inversée d'images se positionne comme un outil incontournable pour les analystes en intelligence open source (OSINT). Cette technique permet de remonter à la source originale d'une image, en fournissant des indices sur son origine et son contexte d'utilisation. Les moteurs de recherche spécialisés, tels que TinEye, Yandex et Google Images, sont des alliés précieux dans cette quête de vérification et d'authenticité des contenus visuels.

La recherche inversée d'images se base sur l'analyse des pixels et des métadonnées, permettant d'identifier les occurrences antérieures d'une image sur le web. Cette méthode est particulièrement utile pour débusquer les fake news et les manipulations médiatiques, qui utilisent souvent des images sorties de leur contexte original pour servir des narratifs biaisés. En retraçant l'historique d'une image, l'analyste peut déceler des incohérences et mettre en lumière des tentatives de désinformation.

Un aspect fondamental de cette approche est la capacité à explorer les métadonnées associées aux fichiers visuels. Les métadonnées contiennent des informations cruciales, telles que la date et le lieu de prise de vue, le type d'appareil utilisé, et parfois même les coordonnées GPS. Ces éléments peuvent être décisifs pour confirmer ou infirmer l'authenticité d'une image dans le cadre d'une enquête OSINT.

Dans le cadre d'une enquête, l'analyste doit également prendre en compte les altérations possibles des images. Les outils de recherche inversée ne se limitent pas à l'identification des images originales, mais peuvent aussi aider à repérer les modifications apportées à celles-ci, qu'il s'agisse de retouches mineures ou de manipulations plus sophistiquées. Cette capacité à détecter les modifications contribue à renforcer la crédibilité des conclusions tirées des analyses visuelles.

La recherche inversée d'images n'est pas seulement une question de technologie, mais aussi de méthodologie. L'analyste doit savoir poser les bonnes questions et interpréter les résultats avec un œil critique. Il est essentiel de croiser les données obtenues avec d'autres sources d'information pour constituer un dossier solide et éviter les biais d'interprétation.

Enfin, l'importance de la recherche inversée d'images réside également dans sa capacité à établir des connexions entre différents éléments d'une enquête. En identifiant les relations entre des images apparemment disparates, l'analyste peut découvrir des réseaux cachés et des liens insoupçonnés, enrichissant ainsi la compréhension globale d'une situation. Cette approche permet de construire une vision d'ensemble cohérente et intégrée, essentielle pour toute investigation OSINT efficace.

En somme, la recherche inversée d'images est une compétence essentielle pour tout analyste OSINT moderne, offrant une profondeur d'analyse visuelle qui enrichit considérablement les enquêtes et les rend plus robustes face aux défis de l'information contemporaine.

Extraction et Étude des Métadonnées

Dans le domaine de l'intelligence en sources ouvertes, l'exploitation des métadonnées est une compétence cruciale pour les analystes. Les métadonnées, ces données qui décrivent d'autres données, sont omniprésentes dans notre monde numérique et offrent une mine d'informations souvent sous-estimée. Elles incluent des détails tels que la date de création d'un fichier, l'auteur, la localisation GPS, et bien d'autres aspects techniques qui ne sont pas immédiatement visibles. Ces informations peuvent révéler des indices essentiels sur l'origine ou la trajectoire d'un document, ce qui est particulièrement utile dans les enquêtes OSINT.

L'analyse des métadonnées commence par leur extraction, un processus qui nécessite des outils spécialisés. Ces outils permettent de décoder les métadonnées intégrées dans des fichiers numériques tels que des images, des vidéos, et des documents textes. Par exemple, un simple fichier image peut contenir des informations sur l'appareil photo utilisé, la date et l'heure de la prise, et même la localisation GPS si celle-ci est activée. En utilisant des logiciels d'analyse de métadonnées, les enquêteurs peuvent rapidement extraire ces informations et les utiliser pour tracer l'origine d'une image ou vérifier l'authenticité d'un contenu.

Une fois extraites, les métadonnées doivent être soigneusement examinées et interprétées pour en tirer des conclusions pertinentes. L'étude des métadonnées nécessite une compréhension approfondie de leur structure et de leur signification. Les analystes doivent être capables de distinguer les informations pertinentes des données superflues ou trompeuses. Par exemple, dans le cadre d'une enquête criminelle, les métadonnées d'une série de photos peuvent être utilisées pour établir une chronologie des événements ou pour identifier des incohérences dans le récit d'un suspect.

L'étude des métadonnées ne se limite pas à l'analyse technique. Elle implique également une dimension stratégique, où les informations obtenues sont croisées avec d'autres sources de données pour construire un tableau plus complet. Cette approche interdisciplinaire est essentielle pour les équipes OSINT, qui doivent souvent intégrer des informations provenant de différentes disciplines pour obtenir une vue d'ensemble précise.

Les métadonnées jouent également un rôle clé dans la vérification des informations. Dans un monde où la désinformation est omniprésente, pouvoir confirmer l'authenticité d'un document est crucial. Les métadonnées peuvent aider à identifier les altérations ou les manipulations d'un fichier, en révélant des détails qui ne sont pas immédiatement visibles à l'œil nu. Cette capacité à valider les sources d'information est un atout majeur pour les analystes OSINT, qui doivent s'assurer de la fiabilité des données avant de les utiliser dans leurs rapports.

En conclusion, l'extraction et l'étude des métadonnées représentent une compétence essentielle dans l'arsenal des analystes OSINT. Elles offrent des perspectives uniques pour la collecte d'informations et la vérification des sources, contribuant ainsi à la précision et à la crédibilité des enquêtes. Maîtriser cette compétence permet non seulement de mieux comprendre les données numériques, mais aussi d'anticiper et de déjouer les tentatives de manipulation dans un paysage informationnel de plus en plus complexe.

Analyse des Vidéos et Fichiers Audio

Dans le domaine de l'OSINT, l'analyse des vidéos et des fichiers audio revêt une importance cruciale pour extraire des informations pertinentes à partir de contenus multimédias. Cette analyse repose sur une série de techniques et d'outils spécifiques qui permettent de décrypter et d'interpréter les données visuelles et auditives.

Tout d'abord, l'analyse des vidéos commence par la segmentation et la classification du contenu. Cela implique de diviser les vidéos en segments logiques pour identifier des scènes ou des événements distincts. L'utilisation de logiciels de reconnaissance d'image permet d'identifier des objets, des visages ou des textes présents dans les vidéos, facilitant ainsi la compréhension du contexte et l'extraction de données significatives.

Ensuite, la recherche de métadonnées associées aux fichiers vidéo offre des informations essentielles telles que la date, l'heure, et parfois même le lieu de l'enregistrement. Ces données contextuelles aident à valider l'authenticité et la pertinence du contenu analysé. L'obtention de ces métadonnées peut se faire via des outils spécialisés capables de lire les informations encodées dans les fichiers multimédias.

En ce qui concerne l'analyse audio, elle se concentre sur l'extraction de données à partir de fichiers sonores. Les techniques de reconnaissance vocale jouent un rôle clé dans la transcription automatique des discours, permettant ainsi une analyse textuelle des conversations enregistrées. Cette transcription sert de base pour identifier des mots-clés, des phrases ou des contextes pertinents à l'enquête.

De plus, l'analyse spectrale des fichiers audio peut révéler des informations sur la source du son, comme l'identification de bruits de fond caractéristiques qui pourraient indiquer un lieu ou une situation particulière. Cette méthode est souvent utilisée dans les enquêtes pour corroborer d'autres éléments de preuves ou pour fournir de nouvelles pistes de recherche.

L'authenticité des vidéos et des fichiers audio est également un aspect crucial de l'analyse. Les techniques de détection de manipulation numérique, telles que l'analyse des artefacts de compression ou la recherche de traces de montage, permettent de déterminer si un fichier a été altéré. Cette vérification est essentielle pour assurer la crédibilité des données utilisées dans le cadre d'une enquête OSINT.

Enfin, l'intégration de ces analyses dans un cadre plus large de collecte de renseignements permet de croiser les informations obtenues avec d'autres sources de données. Cela offre une vue d'ensemble plus complète et permet de tirer des conclusions plus précises et plus fiables sur les sujets étudiés.

Ainsi, l'analyse des vidéos et des fichiers audio dans l'OSINT est une discipline complexe qui nécessite des compétences techniques avancées et une compréhension approfondie des outils disponibles. Elle constitue un pilier fondamental pour enrichir les enquêtes et les analyses stratégiques, en fournissant des insights précieux à partir des contenus multimédias.

Dans l'univers numérique moderne, la prolifération des faux profils constitue un défi majeur pour les analystes OSINT. À l'ère des réseaux sociaux et des plateformes en ligne, les faux profils sont utilisés à des fins variées, allant de la diffusion de désinformation à l'usurpation d'identité, en passant par le cyberharcèlement. La détection de ces entités factices nécessite une compréhension approfondie des comportements en ligne et des outils technologiques disponibles.

Les faux profils se distinguent souvent par des caractéristiques spécifiques qui, bien que subtiles, peuvent être identifiées par un œil averti. Parmi ces caractéristiques, on trouve l'utilisation de photos de profil génériques ou empruntées, des incohérences dans les informations personnelles, et un historique de publications qui ne correspond pas à un comportement normal d'utilisateur. Les analystes doivent être capables de repérer ces signaux faibles pour prévenir les dommages potentiels.

Les techniques d'analyse des réseaux sociaux jouent un rôle crucial dans cette détection. Les outils OSINT permettent de cartographier les interactions d'un profil suspect, révélant des schémas qui pourraient indiquer une activité orchestrée ou automatisée. L'analyse des relations entre profils, notamment à travers les connexions communes et les échanges récurrents, peut dévoiler des réseaux de faux comptes utilisés pour amplifier des messages ou manipuler l'opinion publique.

Les avancées technologiques ont également permis le développement de solutions automatisées pour la détection des faux profils. Les algorithmes d'apprentissage automatique sont de plus en plus utilisés pour analyser de grandes quantités de données, identifiant des anomalies comportementales qui échappent à l'œil humain. Ces systèmes peuvent détecter des schémas d'activité suspecte en temps réel, offrant ainsi une réponse rapide et efficace aux menaces émergentes.

Cependant, la lutte contre les faux profils ne se limite pas à la technologie. Elle requiert également une approche psychologique et sociale pour comprendre les motivations derrière la création de ces profils. Les campagnes de sensibilisation et d'éducation numérique sont essentielles pour informer le public sur les dangers des faux profils et les moyens de s'en protéger. En cultivant une culture de vigilance en ligne, les individus deviennent des acteurs actifs de leur propre sécurité numérique.

En parallèle, la collaboration internationale et intersectorielle est indispensable pour combattre ce fléau global. Les plateformes en ligne, les gouvernements et les organisations de sécurité doivent travailler de concert pour mettre en place des cadres réglementaires et des protocoles de partage d'information efficaces. Cette coopération facilite l'identification rapide des menaces transfrontalières et la mise en œuvre de mesures correctives adaptées.

Ainsi, la détection des faux profils est une tâche complexe qui nécessite une combinaison de technologies avancées, de compétences analytiques et de collaboration stratégique. En restant à la pointe des innovations et en adoptant une approche proactive, les analystes OSINT peuvent contribuer à un environnement numérique plus sûr et plus transparent.

Analyse des Interactions Numériques

Dans un monde où les interactions numériques façonnent notre quotidien, l'analyse de ces échanges devient cruciale pour comprendre les dynamiques sous-jacentes des réseaux sociaux et des plateformes en ligne. Les interactions numériques ne se limitent pas à de simples échanges d'informations, elles englobent une multitude de signaux que les utilisateurs laissent derrière eux. Ces signaux incluent les commentaires, les likes, les partages, et même le temps passé sur certains contenus. Chaque action numérique devient une brique dans l'édifice complexe de la communication moderne.

L'analyse des interactions numériques repose sur la capacité à décrypter ces signaux pour en extraire des tendances, des comportements et des relations cachées entre les utilisateurs. Les analystes utilisent des outils avancés pour cartographier ces interactions, révélant des réseaux d'influence et des communautés virtuelles qui échappent souvent à l'œil non averti. La visualisation de ces réseaux permet de comprendre comment l'information circule, comment elle est amplifiée ou étouffée, et quels sont les acteurs clés dans la propagation de contenus spécifiques.

Les techniques d'analyse incluent l'extraction de données à partir de plateformes telles que Twitter, Facebook, et Instagram. Ces plateformes offrent une mine d'informations grâce à leurs API, permettant aux analystes de collecter des données en temps réel. L'analyse de ces données peut révéler des schémas d'engagement, identifier des influenceurs, et détecter des anomalies dans les comportements des utilisateurs. Par exemple, une augmentation soudaine de l'activité sur un sujet spécifique peut indiquer une campagne coordonnée de désinformation ou une tendance émergente.

Un aspect crucial de l'analyse des interactions numériques est la détection des faux profils et des réseaux de bots. Ces entités artificielles sont souvent utilisées pour manipuler l'opinion publique, influencer les algorithmes des plateformes, et créer l'illusion d'un soutien massif pour des causes ou des produits. Les analystes doivent donc être capables de distinguer les interactions authentiques des manipulations orchestrées, en s'appuyant sur des indicateurs tels que la fréquence des publications, la diversité des sujets abordés, et les connexions entre les comptes.

L'analyse des interactions numériques ne se limite pas à la détection des comportements suspects. Elle ouvre également la voie à une meilleure compréhension des dynamiques sociales en ligne. En identifiant les sujets qui suscitent le plus d'engagement, les analystes peuvent anticiper les préoccupations émergentes des communautés et adapter les stratégies de communication en conséquence. De plus, cette analyse peut aider à mesurer l'efficacité des campagnes de sensibilisation ou d'information, en évaluant l'impact des messages diffusés sur les attitudes et les comportements des utilisateurs.

En somme, l'analyse des interactions numériques est un pilier essentiel pour toute stratégie de renseignement en source ouverte. Elle permet non seulement de détecter et de neutraliser les menaces, mais aussi de saisir les opportunités offertes par les dynamiques en ligne. En maîtrisant cet art, les analystes peuvent transformer des données brutes en insights précieux, éclairant ainsi les décisions stratégiques dans un monde de plus en plus connecté.

Chapitre 11: Architecture d'une Cellule OSINT Efficace

Structuration et Rôles des Analystes

Dans le domaine de l'analyse OSINT, la structuration des équipes et la définition des rôles des analystes sont cruciales pour assurer l'efficacité et la précision des enquêtes. Une cellule OSINT bien organisée repose sur une hiérarchie claire et des responsabilités définies, permettant une collaboration fluide et une prise de décision rapide. Les analystes jouent un rôle central dans le processus d'investigation, utilisant leur expertise pour collecter, analyser et interpréter les données issues de sources ouvertes.

Les analystes OSINT sont souvent spécialisés dans différents domaines, tels que la cybersécurité, l'analyse des médias sociaux ou la surveillance du Dark Web, chacun apportant une expertise unique à l'équipe. Ils doivent être capables de naviguer dans un environnement informationnel complexe, en utilisant des outils avancés pour extraire des informations pertinentes et détecter des menaces potentielles. Leur capacité à établir des connexions entre des données disparates est essentielle pour identifier des comportements suspects et anticiper les actions futures.

Le développement d'une approche interdisciplinaire au sein de la cellule OSINT permet d'intégrer diverses perspectives et compétences, renforçant ainsi l'efficacité globale de l'équipe. Les analystes collaborent souvent avec des experts en informatique, des linguistes et d'autres spécialistes pour enrichir l'analyse et améliorer la compréhension des données collectées. Cette synergie interdisciplinaire favorise une approche holistique de l'investigation, indispensable pour naviguer dans les complexités des enquêtes modernes.

Le processus décisionnel au sein d'une cellule OSINT est un élément clé de son succès. Les analystes doivent être capables de communiquer efficacement leurs conclusions et recommandations aux décideurs, en fournissant des rapports clairs et concis qui mettent en évidence les implications stratégiques des données analysées. La communication interne est facilitée par l'utilisation de plateformes et d'outils collaboratifs, permettant aux membres de l'équipe de partager rapidement des informations et des insights.

En somme, la structuration et les rôles des analystes dans une cellule OSINT sont conçus pour maximiser l'efficacité de l'investigation en source ouverte. En combinant des compétences spécialisées avec une approche interdisciplinaire, les analystes sont en mesure de fournir une intelligence précieuse qui soutient la prise de décision stratégique et la sécurité organisationnelle. Leur capacité à s'adapter aux évolutions technologiques et aux nouvelles menaces est essentielle pour maintenir la pertinence et l'efficacité des enquêtes OSINT.

Approche Interdisciplinaire

Dans le domaine complexe de l'OSINT, l'approche interdisciplinaire se révèle être une nécessité incontournable. Cet aspect repose sur la convergence de divers champs d'expertise pour enrichir et affiner les analyses. L'OSINT, par sa nature même, exige une compréhension et une intégration de diverses disciplines telles que la cybernétique, la psychologie, la criminologie et bien d'autres encore. Cette multiplicité d'approches permet de traiter les informations sous différents angles, offrant ainsi une vision plus holistique et précise des enjeux.

L'intégration des compétences en cybernétique est essentielle pour naviguer dans les vastes océans de données disponibles en ligne. Les experts en sécurité informatique apportent leur savoir-faire pour identifier, collecter et sécuriser les données pertinentes. Ils jouent un rôle clé dans la protection des informations sensibles contre les cybermenaces et les attaques potentielles qui pourraient compromettre l'intégrité des données collectées.

La contribution de la psychologie, en particulier l'analyse comportementale, enrichit considérablement la compréhension des interactions numériques. En étudiant les patterns comportementaux des individus en ligne, les analystes peuvent mieux anticiper les intentions et les actions futures de personnes d'intérêt. Cette discipline aide à déceler les motivations sous-jacentes et les biais cognitifs qui influencent la manière dont les données sont perçues et interprétées.

Par ailleurs, la criminologie offre des outils méthodologiques et théoriques pour établir des profils de menace et comprendre les dynamiques criminelles dans le cyberespace. En combinant ces connaissances avec les techniques OSINT, les analystes peuvent cartographier les réseaux criminels, identifier les acteurs clés et démanteler les structures de désinformation ou de manipulation.

L'approche interdisciplinaire ne se limite pas à la simple juxtaposition de compétences; elle nécessite une synergie entre les différents domaines pour créer une stratégie d'analyse cohérente et efficace. Les équipes OSINT doivent être formées pour collaborer de manière fluide, en partageant leurs connaissances et en intégrant leurs perspectives pour résoudre des problèmes complexes.

Enfin, l'importance de l'éthique dans l'approche interdisciplinaire ne saurait être sous-estimée. Les analystes doivent être conscients des implications éthiques de leurs actions, notamment en ce qui concerne la vie privée et les droits individuels. Une formation continue et une sensibilisation aux enjeux éthiques sont cruciales pour maintenir des normes élevées de professionnalisme et de responsabilité dans la pratique de l'OSINT.

Ainsi, l'approche interdisciplinaire constitue le socle sur lequel repose l'efficacité des opérations OSINT. Elle permet non seulement d'améliorer la qualité des analyses, mais aussi de renforcer la capacité des analystes à s'adapter aux évolutions rapides de l'environnement numérique et aux nouvelles menaces qui en découlent.

Dans le domaine de l'intelligence en sources ouvertes (OSINT), le processus décisionnel est un élément crucial qui guide les analystes dans l'exploitation optimale des données recueillies. Ce processus repose sur une série d'étapes structurées, visant à transformer l'information brute en connaissances exploitables pour les prises de décisions stratégiques. Le processus commence par l'identification des besoins en information, où les analystes doivent clairement définir les objectifs de leur enquête. Cette étape initiale est essentielle pour orienter les efforts de collecte de données et garantir que les informations pertinentes sont ciblées.

Une fois les objectifs définis, la phase de collecte de données s'enclenche. Les analystes OSINT utilisent une variété d'outils et de techniques pour explorer les sources ouvertes, telles que les réseaux sociaux, les bases de données publiques, et le web profond. Cette collecte est minutieuse et nécessite une attention particulière aux détails pour s'assurer que toutes les données pertinentes sont capturées sans négliger les signaux faibles qui pourraient révéler des insights significatifs.

Après la collecte, l'étape d'analyse des données est cruciale. Elle implique l'organisation des informations recueillies, leur tri, et leur validation. Les analystes doivent ici appliquer des méthodes de tri rigoureuses pour écarter les informations erronées ou non vérifiées. L'analyse implique également la corrélation des données, qui permet d'établir des liens entre différents ensembles de données pour identifier des tendances ou des anomalies. Cette phase nécessite une maîtrise des outils analytiques et une compréhension approfondie des techniques de cross-checking pour garantir l'exactitude des conclusions tirées.

La vérification est l'étape suivante, où l'authenticité et la pertinence des données sont scrutées pour assurer des conclusions fiables. Cette étape est particulièrement importante pour éviter la propagation de fausses informations et pour s'assurer que les décisions basées sur ces données sont fondées sur des faits solides. Les analystes peuvent utiliser diverses méthodologies de vérification, y compris la vérification des sources primaires et secondaires, pour valider les informations critiques.

Le processus décisionnel se termine par la synthèse des conclusions et la communication des résultats aux parties prenantes concernées. Cette communication doit être claire, concise, et bien structurée pour garantir que les décideurs comprennent les implications des données analysées et peuvent prendre des décisions éclairées. Les analystes doivent être capables de présenter leurs conclusions de manière à faciliter la prise de décision stratégique, en mettant en avant les aspects les plus critiques et les recommandations basées sur l'analyse effectuée.

En somme, le processus décisionnel dans l'OSINT est une démarche complexe qui exige à la fois rigueur et flexibilité. Les analystes doivent être capables d'adapter leurs méthodes en fonction des spécificités de chaque enquête, tout en maintenant des standards élevés d'exactitude et de fiabilité. Ce processus est fondamental pour exploiter pleinement le potentiel des données ouvertes et pour fournir aux décideurs les outils nécessaires pour anticiper et répondre efficacement aux menaces et opportunités émergentes.

Communication Interne

Dans le contexte d'une formation OSINT, la communication interne joue un rôle crucial dans l'efficacité et la cohésion des équipes. L'importance de cette communication réside dans sa capacité à assurer la fluidité des informations, la coordination des tâches et la prise de décision collective. Elle permet de créer un environnement de travail collaboratif où chaque membre de l'équipe est informé des objectifs, des stratégies et des résultats attendus.

Une communication interne efficace repose sur plusieurs piliers. Tout d'abord, la transparence est essentielle pour instaurer la confiance au sein de l'équipe. Les informations doivent circuler librement, sans rétention, afin que chaque analyste puisse comprendre le contexte global de l'enquête. Cette transparence contribue également à la motivation des équipes, car chaque membre se sent impliqué dans le processus décisionnel et valorisé pour ses contributions.

Ensuite, la structuration des échanges est primordiale. Il est conseillé de mettre en place des canaux de communication clairs et organisés, comme des réunions régulières, des plateformes collaboratives en ligne, et des comptes rendus systématiques. Ces outils permettent de centraliser les informations, d'éviter les doublons et de garantir que chaque membre de l'équipe accède aux mêmes données. De plus, ils facilitent la traçabilité des décisions et des actions entreprises, ce qui est crucial dans un domaine où chaque détail compte.

La communication interne ne se limite pas à l'échange d'informations factuelles. Elle inclut également la gestion des dynamiques interpersonnelles et la résolution des conflits. Dans un environnement souvent stressant comme celui de l'OSINT, il est fréquent que des tensions émergent. Il est donc important de mettre en place des mécanismes de médiation et de dialogue pour apaiser les tensions et renforcer la cohésion de l'équipe.

Par ailleurs, la dimension interculturelle ne doit pas être négligée. Les équipes OSINT peuvent être composées de membres provenant de divers horizons culturels, ce qui enrichit la perspective d'analyse mais peut aussi engendrer des malentendus. La sensibilisation aux différences culturelles et la promotion d'une communication respectueuse et inclusive sont essentielles pour tirer parti de cette diversité.

Enfin, l'adaptabilité de la communication interne est un atout majeur. Dans un domaine en constante évolution comme l'OSINT, les équipes doivent être prêtes à s'ajuster rapidement aux nouvelles technologies, aux changements de procédures et aux évolutions du contexte géopolitique. Une communication interne flexible et réactive permet de mettre à jour les stratégies en temps réel et de maintenir l'efficacité opérationnelle.

En somme, la communication interne dans une cellule OSINT est un élément fondamental qui soutient l'organisation, l'efficacité et le moral des équipes. Elle doit être soigneusement planifiée et continuellement améliorée pour répondre aux exigences complexes et évolutives de l'investigation en sources ouvertes.

Développement des Compétences

Dans le domaine en constante évolution de l'intelligence en sources ouvertes (OSINT), le développement des compétences joue un rôle crucial. Il s'agit d'un processus continu qui exige des analystes qu'ils affinent et élargissent constamment leur répertoire de compétences pour rester à la pointe des technologies et des méthodologies d'investigation. Ce sous-chapitre se concentre sur l'importance de la formation et de l'amélioration des compétences pour les professionnels de l'OSINT.

Tout d'abord, la capacité à naviguer dans l'immense océan d'informations disponibles est fondamentale. Les analystes doivent maîtriser l'art de la recherche avancée, en utilisant des techniques telles que le Google Dorking, qui permet d'exploiter pleinement le potentiel des moteurs de recherche. La compétence à manipuler les bases de données ouvertes et à réaliser des extractions de données complexes est également essentielle pour obtenir des informations pertinentes et exploitables.

En outre, l'analyse des réseaux sociaux est devenue un élément incontournable de l'OSINT. Les analystes doivent être capables d'identifier les tendances, de repérer les signaux faibles et de comprendre les dynamiques des interactions en ligne. Cela implique une compréhension fine des comportements numériques, ainsi qu'une capacité à détecter les faux profils et les réseaux de désinformation.

Un autre aspect clé du développement des compétences en OSINT est la capacité à explorer le Dark Web. Cela nécessite des compétences spécialisées, telles que l'infiltration discrète des forums et marketplaces, et l'utilisation de techniques de traçage pour identifier et corréler les identités numériques. Ces compétences permettent de découvrir des informations cachées qui ne sont pas accessibles par les méthodes traditionnelles.

Parallèlement à ces compétences techniques, les analystes doivent développer une pensée critique et analytique. Cela inclut la capacité à structurer l'information, à interpréter les données de manière objective, et à éviter les biais cognitifs qui pourraient influencer l'analyse. Le développement d'une approche méthodique et logique est crucial pour garantir l'intégrité et la précision des conclusions tirées des données OSINT.

Enfin, la formation continue et les exercices pratiques sont essentiels pour maintenir et améliorer les compétences des analystes. Les simulations en environnement hostile, les exercices de type Capture The Flag (CTF), et les compétitions OSINT offrent des opportunités précieuses pour tester et affiner les compétences dans des contextes réalistes. Ces activités encouragent également le travail d'équipe et la répartition efficace des rôles au sein des cellules OSINT.

En résumé, le développement des compétences en OSINT est un processus dynamique qui nécessite un engagement constant envers l'apprentissage et l'adaptation. Les analystes doivent rester vigilants face aux évolutions technologiques et méthodologiques pour assurer une utilisation efficace et éthique de l'intelligence en sources ouvertes.

Chapitre 12: Planification et Objectifs de l'Enquête

Définir le Cadre Légal

Dans le domaine de l'OSINT, la compréhension des aspects juridiques est cruciale pour naviguer efficacement dans l'écosystème complexe des informations disponibles. L'Open Source Intelligence, par essence, repose sur l'exploitation des données accessibles publiquement, mais cela ne signifie pas que toutes les informations peuvent être utilisées sans restriction. Le cadre légal définit les limites et les responsabilités des analystes, garantissant que le respect des lois sur la protection des données et la vie privée est maintenu.

La législation relative à l'OSINT varie considérablement d'un pays à l'autre, influençant la manière dont les données peuvent être collectées, stockées et analysées. Les analystes doivent être conscients des lois en vigueur dans leur juridiction, ainsi que des conventions internationales qui pourraient s'appliquer. Par exemple, les réglementations sur la protection des données, telles que le Règlement Général sur la Protection des Données (RGPD) en Europe, imposent des obligations strictes quant à la manière dont les informations personnelles peuvent être traitées.

Un autre aspect important du cadre légal est la distinction entre les informations véritablement publiques et celles pour lesquelles un accès restreint est requis. Les analystes OSINT doivent être formés pour reconnaître cette différence et éviter de s'engager dans des activités qui pourraient être considérées comme de l'accès illégal à des systèmes d'information. Cela inclut la compréhension des termes de service des plateformes en ligne et le respect des droits d'auteur et de propriété intellectuelle.

Dans le contexte des enquêtes OSINT, il est également essentiel de comprendre le rôle de l'éthique professionnelle. Les analystes doivent adopter une approche responsable et transparente, où la vérification et la validation des sources sont primordiales. Le cadre légal ne se limite pas aux aspects techniques de la collecte de données, mais englobe également les principes éthiques qui guident l'utilisation des informations recueillies. Cela implique une réflexion sur les implications de la diffusion des données et sur la manière dont elles sont communiquées aux parties prenantes.

Les institutions gouvernementales et les organisations privées qui utilisent l'OSINT doivent souvent élaborer des politiques internes pour s'assurer que leurs pratiques sont conformes aux lois applicables. Cela peut inclure la mise en place de formations régulières pour les analystes sur les nouvelles législations et les meilleures pratiques, ainsi que l'élaboration de protocoles de sécurité pour protéger les données sensibles.

En somme, définir le cadre légal dans lequel s'inscrit l'OSINT est une étape fondamentale pour garantir que les activités de renseignement en sources ouvertes sont menées de manière légale et éthique. Cela nécessite une compréhension approfondie des lois pertinentes, une vigilance constante quant aux évolutions législatives et une intégration rigoureuse des principes éthiques dans toutes les phases de l'analyse. Les analystes doivent être équipés non seulement d'outils techniques, mais aussi d'une solide connaissance juridique pour naviguer efficacement dans cet environnement en perpétuel changement.

Utilisation des Outils OSINT

Dans le domaine de l'intelligence en sources ouvertes, l'utilisation des outils OSINT se révèle être un pilier fondamental pour l'analyse et l'exploitation des données accessibles au public. Ces outils, variés et sophistiqués, permettent aux analystes d'extraire des informations cruciales à partir d'une multitude de plateformes numériques. Ils sont conçus pour naviguer dans l'immensité du web, allant des moteurs de recherche classiques aux recoins moins accessibles du dark web, afin de détecter des informations pertinentes qui pourraient échapper à une simple recherche manuelle.

L'un des principaux atouts des outils OSINT réside dans leur capacité à automatiser la collecte et l'analyse des données. En automatisant ces processus, les analystes peuvent se concentrer sur l'interprétation des résultats et l'élaboration de stratégies basées sur les informations obtenues. Des outils tels que Maltego, par exemple, permettent de visualiser les relations entre différents éléments, qu'il s'agisse de personnes, d'organisations ou d'événements, facilitant ainsi la détection de schémas et de connexions cachées.

En outre, l'utilisation des outils OSINT s'étend à l'analyse des réseaux sociaux, où ils jouent un rôle crucial dans l'identification des tendances et des signaux faibles. Les algorithmes avancés intégrés dans ces outils sont capables de filtrer les données en temps réel, fournissant ainsi une image précise et actualisée des interactions numériques. Cela est particulièrement utile pour la détection des faux profils et des campagnes de désinformation orchestrées, qui peuvent avoir un impact significatif sur l'opinion publique et la sécurité nationale.

L'exploration du dark web est une autre facette importante de l'utilisation des outils OSINT. Les méthodes d'infiltration et d'observation développées pour ce type de plateformes permettent d'identifier les forums et les marketplaces où des activités illégales peuvent se dérouler. Grâce à des techniques de traçage avancées, les analystes peuvent corréler les identités numériques et remonter jusqu'à la source d'une menace potentielle.

Dans le cadre de la cybersécurité, les outils OSINT sont intégrés dans les stratégies de défense proactive. Ils ne se limitent plus à la récupération des preuves après un incident, mais deviennent des instruments de prévention. La surveillance comportementale et la collecte de données OSINT facilitent l'identification précoce des comportements criminels, permettant ainsi de prendre des mesures avant qu'une menace ne se concrétise.

En somme, l'utilisation des outils OSINT offre une panoplie de possibilités pour les analystes, renforçant leur capacité à naviguer dans un environnement numérique de plus en plus complexe. Ces outils, en constante évolution, s'adaptent aux nouvelles technologies et aux défis émergents, garantissant ainsi que les professionnels de l'OSINT restent à la pointe de l'investigation numérique. Leur efficacité repose sur une combinaison de technologie avancée, de méthodologies rigoureuses et d'une compréhension approfondie des dynamiques de l'information en ligne.

Évaluation des Informations Collectées

Dans le cadre de l'évaluation des informations collectées via l'OSINT, il est crucial de comprendre les nuances de la validation et de la vérification des données obtenues. Les analystes doivent d'abord trier les informations, en se concentrant sur la validité et la pertinence de chaque élément. Cette étape implique une analyse minutieuse pour détecter d'éventuelles anomalies ou incohérences qui pourraient indiquer des erreurs ou des manipulations.

Une approche systématique est nécessaire pour structurer les données de manière cohérente. Cela inclut l'utilisation de techniques de cross-checking pour comparer les informations provenant de plusieurs sources indépendantes. Cette méthode permet de réduire le risque d'erreurs et d'assurer une base solide pour l'analyse ultérieure. Les analystes sont formés à identifier les biais potentiels dans les données, qu'ils soient intentionnels ou non, et à les corriger en conséquence.

L'évaluation des informations ne se limite pas à la simple vérification de leur authenticité. Elle implique également une interprétation contextuelle, en tenant compte des circonstances dans lesquelles les données ont été recueillies. Les analystes doivent être capables de discerner les motifs sous-jacents et les intentions des sources d'information, ce qui demande une compréhension approfondie des dynamiques sociopolitiques et économiques qui peuvent influencer les données.

L'un des défis majeurs dans l'évaluation des informations OSINT est la gestion des fausses nouvelles et des tentatives de désinformation. Les analystes doivent être équipés pour repérer les signes de manipulation, tels que les incohérences dans le récit ou les déformations des faits. Cela nécessite une formation rigoureuse en techniques d'analyse critique et en sensibilisation aux stratégies de désinformation couramment utilisées.

En outre, l'évaluation intègre l'analyse avancée des médias, où les outils technologiques jouent un rôle essentiel. Les analystes utilisent des logiciels spécialisés pour effectuer des recherches inversées d'images, extraire des métadonnées, et analyser des fichiers audio et vidéo. Ces outils permettent de confirmer l'origine des informations et d'assurer leur intégrité.

La compétence en matière de structuration et d'interprétation des données est renforcée par l'utilisation d'approches analytiques avancées. Par exemple, la création de schémas d'analyse aide à visualiser les relations entre différents éléments d'information, facilitant ainsi une compréhension plus claire et plus approfondie des données collectées.

Enfin, l'évaluation des informations collectées nécessite une collaboration étroite entre les membres de l'équipe d'analyse. Le partage d'informations et la discussion collective permettent de bénéficier de perspectives variées et d'améliorer la qualité globale de l'analyse. Une communication efficace au sein de l'équipe est essentielle pour coordonner les efforts et maximiser l'efficacité des processus d'évaluation.

Dans l'univers de la collecte de renseignements open source, l'authenticité et la pertinence des données occupent une place centrale. La vérification de l'authenticité des données est une étape cruciale qui garantit que les informations recueillies sont fiables et crédibles. Cela implique une évaluation minutieuse de la source d'information pour s'assurer qu'elle est légitime et digne de confiance. Les analystes doivent être capables de distinguer entre les sources authentiques et celles qui pourraient être biaisées ou manipulées.

La pertinence des données, quant à elle, se réfère à l'aptitude des informations à répondre aux besoins spécifiques de l'enquête ou de la recherche en cours. Il ne suffit pas que les données soient authentiques; elles doivent également être pertinentes pour le contexte particulier dans lequel elles sont utilisées. Cela nécessite une compréhension approfondie des objectifs de l'enquête et une capacité à filtrer les informations superflues ou non pertinentes.

Dans le cadre d'une enquête OSINT, il est essentiel de développer une méthodologie rigoureuse pour évaluer ces deux aspects. La première étape consiste souvent à recouper les informations provenant de différentes sources pour vérifier leur cohérence. Les incohérences entre les données de différentes sources peuvent indiquer des problèmes d'authenticité ou de pertinence. Par conséquent, l'utilisation de techniques de validation croisées est indispensable pour renforcer la crédibilité des conclusions tirées des enquêtes.

En plus de la vérification croisée, l'analyse des métadonnées peut également jouer un rôle clé dans la validation de l'authenticité des informations. Les métadonnées permettent de retracer l'origine d'une information, d'identifier les modifications apportées et de comprendre le contexte dans lequel elle a été créée. Cela contribue à établir une chaîne de confiance autour des données, renforçant ainsi leur authenticité.

L'évaluation de la pertinence des données nécessite une approche plus contextuelle. Les analystes doivent posséder une connaissance approfondie du sujet de l'enquête pour pouvoir juger de la pertinence des informations collectées. Cela implique souvent de mettre en place des critères clairs pour déterminer l'importance relative des différentes informations et de prioriser celles qui ont un impact direct sur les objectifs de l'enquête.

Les outils technologiques jouent également un rôle crucial dans l'évaluation de l'authenticité et de la pertinence des données. Les plateformes d'analyse de données avancées permettent de traiter de grandes quantités d'informations rapidement et d'identifier les modèles ou les anomalies qui pourraient indiquer des problèmes d'authenticité. De plus, les outils de visualisation de données aident à interpréter les informations de manière plus intuitive, facilitant ainsi l'identification des données pertinentes.

Enfin, l'éducation et la formation continue sont essentielles pour garantir que les analystes OSINT possèdent les compétences nécessaires pour évaluer correctement l'authenticité et la pertinence des données. Les programmes de formation doivent se concentrer non seulement sur les compétences techniques, mais aussi sur la pensée critique et l'évaluation contextuelle, deux éléments qui sont essentiels pour le succès des enquêtes OSINT. Par l'application de ces principes, les analystes peuvent s'assurer que leurs conclusions sont basées sur des données fiables et pertinentes, renforçant ainsi l'efficacité globale des opérations de renseignement.

Conclusions Solides

Dans l'univers dynamique de l'OSINT, la capacité à tirer des conclusions solides repose sur une méthodologie rigoureuse et une analyse approfondie des données collectées. Les analystes doivent naviguer à travers un océan d'informations, en distinguant soigneusement le bruit des signaux pertinents. Cette compétence est essentielle pour établir des liens fiables entre les données et les conclusions qui en découlent.

L'une des clés pour parvenir à des conclusions robustes réside dans la vérification minutieuse des sources. Chaque donnée doit être scrutée pour son authenticité et sa pertinence. Cela implique de recourir à des techniques avancées de validation, telles que le cross-checking entre plusieurs sources indépendantes. Cette approche permet de minimiser les biais et d'assurer une objectivité maximale dans l'analyse.

Par ailleurs, l'utilisation d'outils technologiques spécialisés joue un rôle crucial dans l'automatisation de la collecte et de l'analyse des données. Des logiciels comme Maltego facilitent la cartographie des relations complexes entre individus, organisations et événements. Ces outils permettent aux analystes de visualiser des connexions qui, autrement, pourraient passer inaperçues, renforçant ainsi la qualité des conclusions tirées.

En outre, l'analyste OSINT doit adopter une approche interdisciplinaire, intégrant des éléments de psychologie, de sociologie et de science des données. Cette intégration permet de mieux comprendre les comportements humains et les motivations sous-jacentes aux actions observées. L'analyse comportementale, par exemple, offre des perspectives précieuses pour anticiper les mouvements futurs des sujets d'investigation.

Une autre dimension essentielle est la capacité à s'adapter aux évolutions rapides du paysage numérique. Les menaces évoluent constamment, et les techniques d'investigation doivent suivre cette dynamique. L'innovation continue et l'apprentissage permanent sont des impératifs pour rester à la pointe de l'investigation OSINT.

Enfin, la collaboration entre les différentes parties prenantes de l'OSINT est indispensable. Les analystes doivent travailler en synergie avec les experts en cybersécurité, les forces de l'ordre et d'autres domaines connexes pour partager des informations et des pratiques exemplaires. Cette collaboration renforce la capacité collective à tirer des conclusions fiables et à répondre efficacement aux menaces émergentes.

En somme, pour parvenir à des conclusions solides, il est crucial de combiner rigueur méthodologique, vérification des sources, utilisation d'outils technologiques, approche interdisciplinaire, adaptation aux nouvelles menaces et collaboration intersectorielle. Ces éléments constituent le socle sur lequel repose une investigation OSINT réussie, capable de fournir des insights précieux dans un monde de plus en plus complexe et interconnecté.

Chapitre 13: Développement d'Approches Innovantes

Automatisation de l'OSINT

Dans le domaine de l'intelligence en sources ouvertes, l'automatisation représente une avancée majeure qui transforme la manière dont les analystes collectent et traitent les informations. L'OSINT, ou Open Source Intelligence, repose sur l'exploitation de données accessibles publiquement, et l'automatisation de ce processus permet de gérer des volumes d'informations exponentiellement plus grands avec une efficacité accrue.

L'automatisation dans l'OSINT se manifeste principalement par l'utilisation d'outils logiciels capables de parcourir le web, d'agréger des données de diverses sources et de les analyser pour en extraire des informations pertinentes. Ces outils, souvent dotés d'algorithmes d'apprentissage automatique, sont programmés pour identifier des modèles et des tendances qui pourraient passer inaperçus à l'œil humain. Grâce à ces technologies, les analystes peuvent non seulement économiser un temps précieux, mais aussi améliorer la précision de leurs analyses.

L'un des aspects les plus fascinants de l'automatisation de l'OSINT est sa capacité à effectuer des tâches répétitives et laborieuses sans intervention humaine, ce qui libère les analystes pour des travaux plus stratégiques. Par exemple, la surveillance continue des réseaux sociaux pour détecter des signaux faibles ou des tendances émergentes est une tâche qui peut être entièrement confiée à des systèmes automatisés. Ces systèmes peuvent alerter les analystes en temps réel lorsqu'une activité suspecte est détectée, permettant une réaction rapide et informée.

De plus, l'automatisation permet une intégration fluide avec d'autres systèmes d'information, facilitant ainsi la création de tableaux de bord analytiques qui fournissent une vue d'ensemble claire et concise de la situation actuelle. Ces tableaux de bord sont essentiels pour la prise de décision, car ils permettent aux décideurs de visualiser instantanément les données clés et de comprendre les implications des tendances détectées.

Cependant, l'automatisation de l'OSINT ne se fait pas sans défis. L'un des principaux défis est de garantir la qualité et la fiabilité des données collectées. Les systèmes automatisés doivent être soigneusement calibrés pour éviter les faux positifs et pour s'assurer que les informations collectées sont pertinentes et vérifiées. Cela nécessite une surveillance humaine continue et une adaptation des algorithmes pour répondre aux évolutions constantes de l'environnement numérique.

En outre, la question de l'éthique et de la confidentialité reste centrale dans l'automatisation de l'OSINT. Les analystes doivent naviguer dans un cadre juridique complexe pour s'assurer que les données collectées sont utilisées de manière éthique et conforme aux lois sur la protection des données.

En somme, l'automatisation de l'OSINT représente un tournant dans la manière dont les informations sont collectées et analysées. Elle offre des possibilités immenses pour améliorer l'efficacité et la précision des enquêtes, tout en posant des défis significatifs qui doivent être adressés pour exploiter pleinement son potentiel.

Intelligence Artificielle et OSINT

L'intégration de l'intelligence artificielle (IA) dans le domaine de l'Open Source Intelligence (OSINT) transforme profondément la manière dont les données sont collectées, analysées et interprétées. L'IA, avec ses capacités de traitement rapide et d'analyse de grandes quantités de données, offre des opportunités sans précédent pour améliorer l'efficacité des enquêtes OSINT. Les algorithmes d'apprentissage automatique peuvent automatiser la collecte de données à partir de sources ouvertes, ce qui permet aux analystes de se concentrer sur l'interprétation et la prise de décision stratégique.

En utilisant l'IA, les analystes peuvent détecter des modèles cachés et des tendances dans les données qui seraient autrement invisibles à l'œil humain. Les outils d'analyse prédictive, par exemple, peuvent anticiper les menaces potentielles en analysant les comportements passés et en identifiant les anomalies. Cette capacité à prévoir les actions futures est cruciale pour les agences de sécurité qui doivent agir rapidement pour prévenir les incidents.

De plus, l'IA facilite la détection des informations fausses ou manipulées en ligne. Avec l'augmentation de la désinformation, les outils d'IA peuvent analyser le contenu numérique pour identifier les incohérences et les biais. Ces outils sont capables de vérifier la véracité des sources en temps réel, offrant ainsi une couche supplémentaire de vérification dans le processus d'analyse OSINT.

L'IA joue également un rôle clé dans l'analyse des réseaux sociaux, où elle est utilisée pour surveiller les interactions et les comportements numériques. Les algorithmes peuvent identifier les schémas de communication et les influenceurs clés, aidant ainsi à comprendre les dynamiques sociales et les mouvements de masse. Cela est particulièrement utile dans le contexte de la sécurité nationale et de la prévention des crimes, où la compréhension des réseaux sociaux peut fournir des indices précieux sur les intentions des acteurs malveillants.

Cependant, l'intégration de l'IA dans l'OSINT présente également des défis. La dépendance excessive à l'égard des systèmes automatisés peut conduire à des erreurs si les modèles ne sont pas correctement entraînés ou si les données d'entrée sont biaisées. Il est donc essentiel que les analystes maintiennent un niveau de supervision humaine et soient formés pour comprendre les limites et les capacités de ces technologies.

En résumé, l'intelligence artificielle enrichit les capacités de l'OSINT en offrant des outils puissants pour la collecte et l'analyse de données. Elle permet une approche plus proactive et prédictive des enquêtes, tout en posant des défis en termes de gestion des biais et de vérification des résultats. Pour tirer pleinement parti de ces technologies, il est crucial de continuer à développer des méthodologies robustes qui intègrent l'IA de manière éthique et efficace.

Innovation Continue

Dans le monde en constante évolution des technologies de l'information, l'innovation continue se révèle être un pilier fondamental pour maintenir l'efficacité et la pertinence des stratégies OSINT. L'adaptation rapide aux nouvelles technologies et aux méthodes émergentes est devenue une nécessité, non seulement pour devancer les menaces potentielles, mais aussi pour capitaliser sur les opportunités offertes par l'analyse des données ouvertes. Les analystes doivent sans cesse affiner leurs compétences, intégrant des outils avancés et des techniques novatrices pour extraire des informations pertinentes à partir de vastes océans de données.

La capacité à intégrer de nouveaux outils technologiques, tels que l'intelligence artificielle et le machine learning, transforme radicalement le paysage de l'OSINT. Ces technologies permettent d'automatiser des processus complexes, d'améliorer la précision des analyses et d'accélérer le traitement des données. Par exemple, l'utilisation de systèmes d'apprentissage automatique peut aider à identifier des modèles ou des anomalies que l'œil humain pourrait facilement ignorer. Cette automatisation ne remplace pas l'expertise humaine, mais la complète en permettant aux analystes de se concentrer sur l'interprétation et la prise de décision stratégique.

En outre, l'innovation continue dans le domaine de l'OSINT implique également une collaboration accrue entre différentes disciplines et secteurs. La convergence des technologies de l'information, de la cybersécurité et des sciences sociales enrichit les analyses en offrant une perspective multidimensionnelle sur les données recueillies. Cette approche interdisciplinaire est cruciale pour comprendre les contextes complexes dans lesquels les données sont générées et utilisées.

L'importance de l'innovation continue se manifeste également dans la nécessité de développer des protocoles et des méthodes de travail flexibles. Les analystes doivent être prêts à ajuster leurs stratégies en fonction des évolutions rapides de l'environnement numérique. Cela inclut l'adoption de nouvelles pratiques de collecte de données, l'amélioration des techniques de vérification et la mise en œuvre de mesures de protection de la vie privée et de la sécurité des informations.

Enfin, l'innovation continue nécessite un engagement constant envers la formation et le développement professionnel. Les programmes de formation doivent être régulièrement mis à jour pour inclure les dernières avancées technologiques et méthodologiques. Les analystes doivent être encouragés à participer à des ateliers, des conférences et des compétitions qui stimulent l'innovation et l'échange de connaissances.

Ainsi, dans un monde où l'information est à la fois une ressource précieuse et un défi majeur, l'innovation continue en OSINT est indispensable pour anticiper les menaces, saisir les opportunités et maintenir une longueur d'avance dans le domaine de la sécurité et de l'intelligence. En adoptant une approche proactive et adaptable, les analystes peuvent non seulement renforcer leur capacité d'analyse, mais aussi contribuer de manière significative à la protection et à la prospérité des organisations qu'ils servent.

Adaptabilité aux Nouvelles Menaces

Dans un monde en constante évolution, la capacité d'adaptation aux nouvelles menaces est cruciale pour les analystes OSINT. Les menaces émergentes ne se limitent plus aux méthodes traditionnelles; elles se diversifient et se complexifient avec l'avènement de la technologie et la globalisation des informations. Les analystes doivent donc développer des compétences pour anticiper et répondre efficacement à ces défis.

Les menaces numériques, par exemple, ne cessent de croître en diversité et en sophistication. Les cyberattaques, souvent orchestrées par des acteurs étatiques ou non étatiques, nécessitent une vigilance accrue de la part des analystes. L'utilisation d'outils avancés comme Maltego permet de cartographier les relations et de détecter des connexions invisibles à première vue. Ces outils sont indispensables pour identifier les cybermenaces qui pourraient autrement passer inaperçues.

La montée en puissance des réseaux sociaux a également introduit de nouvelles dimensions aux menaces. Les plateformes sont devenues des terrains fertiles pour la désinformation et la manipulation de masse. Les analystes doivent être capables de distinguer les faux profils et de comprendre les dynamiques derrière les campagnes de désinformation. L'analyse comportementale des utilisateurs et la détection des signaux faibles sont essentielles pour contrer ces menaces invisibles mais puissantes.

Par ailleurs, l'exploration du Dark Web représente un autre défi de taille. Ce réseau obscur héberge une multitude d'activités illégales et constitue un refuge pour divers acteurs malveillants. Les analystes doivent maîtriser les techniques d'infiltration et de surveillance sur ces plateformes pour identifier et neutraliser les menaces avant qu'elles ne se matérialisent dans le monde réel.

L'intégration de l'intelligence artificielle et de l'apprentissage automatique dans les processus OSINT offre de nouvelles opportunités pour améliorer la détection et l'analyse des menaces. Ces technologies permettent une analyse plus rapide et précise des grands volumes de données, facilitant ainsi l'identification des tendances émergentes et des comportements suspects. Cependant, elles nécessitent également une compréhension approfondie et une gestion prudente pour éviter les biais et les erreurs d'interprétation.

En outre, les analystes doivent être formés pour développer une pensée critique et une approche méthodologique face aux informations ambiguës ou trompeuses. Le développement d'une approche interdisciplinaire est également recommandé, combinant des connaissances en psychologie, en criminologie et en technologie pour mieux comprendre et anticiper les actions des menaces potentielles.

Finalement, l'adaptabilité aux nouvelles menaces repose sur une formation continue et une mise à jour régulière des connaissances et des compétences. Les menaces évoluent rapidement, et il est impératif que les analystes OSINT soient prêts à relever ces défis avec innovation et agilité. En cultivant une culture de l'apprentissage et en restant ouverts aux nouvelles technologies et méthodes, ils pourront non seulement répondre efficacement aux menaces actuelles, mais aussi anticiper celles de demain.

Évolution des Techniques d'Enquête

Au fil des décennies, les techniques d'enquête ont connu une transformation profonde, influencée par l'évolution technologique et les besoins croissants en matière de sécurité. Les méthodes traditionnelles, longtemps dominées par l'observation sur le terrain et l'interrogatoire direct, ont progressivement intégré des approches plus sophistiquées, notamment avec l'avènement de l'ère numérique.

La digitalisation croissante de la société a donné naissance à une abondance de données accessibles publiquement, que ce soit via les réseaux sociaux, les forums en ligne ou d'autres plates-formes numériques. Cela a permis le développement de l'OSINT (Open Source Intelligence), qui s'est imposé comme un outil essentiel dans l'arsenal des enquêteurs. L'OSINT offre la capacité de collecter et d'analyser des informations provenant de sources ouvertes, facilitant ainsi la détection précoce des menaces et la compréhension des comportements suspects.

Parmi les innovations marquantes, l'utilisation d'outils spécialisés comme Maltego permet de visualiser les relations complexes entre individus, organisations et événements. Ces outils aident à établir des connexions qui ne seraient pas immédiatement visibles à l'œil nu. Ils contribuent à une analyse plus précise et à une anticipation des actions des suspects potentiels, en combinant données numériques et analyse comportementale.

L'évolution des techniques d'enquête ne se limite pas à l'OSINT. Elle s'étend également à la cybersécurité proactive. L'investigation numérique, autrefois concentrée sur la récupération de preuves post-incident, est désormais un instrument de prévention. Grâce à la surveillance comportementale et à l'analyse des empreintes numériques, les enquêteurs peuvent identifier des comportements criminels avant qu'ils ne se matérialisent.

La montée en puissance de la cybersécurité a également conduit à l'intégration des techniques de forensic numérique. Ces méthodes permettent de récupérer et d'analyser des preuves électroniques, offrant ainsi une nouvelle dimension aux enquêtes criminelles. Les forces de l'ordre et les experts en cybersécurité utilisent ces techniques pour déceler des traces numériques laissées par les criminels.

Cette convergence entre le profilage criminel et la cybercriminalité a ouvert de nouvelles voies pour les enquêtes. Les criminels, qu'ils en aient conscience ou non, laissent derrière eux des traces numériques qui peuvent être exploitées. Les enquêteurs modernes doivent donc être équipés non seulement des compétences traditionnelles, mais aussi d'une expertise en matière de technologie numérique et de gestion des données.

En somme, l'évolution des techniques d'enquête reflète une adaptation continue aux défis posés par un monde de plus en plus interconnecté. Les enquêteurs doivent naviguer dans cet environnement complexe en utilisant des méthodes innovantes, tout en gardant à l'esprit les impératifs éthiques et légaux qui régissent leur pratique.

Chapitre 14: Ressources Méthodologiques et Formations

Guides et Ressources Publiés

Dans le cadre de la formation en intelligence open source (OSINT), il est crucial de s'appuyer sur des guides et ressources méthodologiques publiés par des institutions reconnues. Ces ouvrages constituent une base fondamentale pour structurer la pensée analytique et garantir une approche rigoureuse et crédible dans l'exploitation des informations en sources ouvertes. L'OSINT, en tant qu'outil d'investigation moderne, exige une méthodologie bien définie qui permet aux analystes de naviguer efficacement dans le vaste océan d'informations disponibles.

Les guides méthodologiques offrent des stratégies éprouvées pour la collecte, l'analyse et l'exploitation des données. Ils mettent en lumière les différences essentielles entre l'OSINT et d'autres formes de renseignement telles que le HUMINT (renseignement humain) et le SIGINT (renseignement d'origine électromagnétique), soulignant ainsi l'importance de l'OSINT dans le contexte actuel. Ces ressources fournissent également des exemples concrets de l'application de ces techniques dans des enquêtes réelles, mettant en valeur l'importance de l'OSINT dans la prévention des menaces et la cybersécurité proactive.

Les ressources publiées incluent des formations spécialisées qui visent à améliorer les capacités d'investigation des analystes. Elles couvrent des aspects variés allant de l'utilisation avancée des moteurs de recherche à l'exploration des réseaux sociaux, en passant par la cartographie des données et l'analyse des traces numériques. Ces formations offrent des outils pratiques et des méthodologies adaptées non seulement aux forces de l'ordre, mais aussi aux experts en cyberdéfense, renforçant ainsi l'aptitude des analystes à identifier les tendances, les connexions et les comportements suspects.

En outre, ces guides soulignent l'importance de l'interdisciplinarité et de la communication interne dans la structuration d'une cellule OSINT. Ils proposent des modèles de workflow d'investigation qui incluent la planification, la collecte de données, l'analyse et la vérification. Ces étapes assurent une approche systématique et exhaustive, permettant aux analystes de tirer des conclusions solides basées sur des données authentiques et pertinentes.

Enfin, les ressources méthodologiques mettent en avant la nécessité de rester à jour avec les évolutions technologiques et les nouvelles menaces numériques. Elles encouragent une innovation continue et l'adaptabilité des techniques d'investigation pour faire face aux défis émergents. En se basant sur ces guides, les analystes peuvent non seulement améliorer leur efficacité opérationnelle mais aussi contribuer à l'élaboration de stratégies d'intelligence plus robustes et résilientes.

Formations Pratiques OSINT

Les formations pratiques en OSINT offrent une approche immersive et concrète pour maîtriser les techniques d'intelligence en sources ouvertes. Ces formations sont conçues pour simuler des environnements réels et permettre aux participants de développer des compétences opérationnelles essentielles.

L'une des méthodes les plus efficaces pour enseigner l'OSINT est l'utilisation de scénarios basés sur des cas réels. Ces scénarios permettent aux participants de s'immerger dans des situations où ils doivent collecter, analyser et interpréter des données provenant de diverses sources ouvertes. L'objectif est de former des analystes capables de naviguer efficacement dans le vaste océan d'informations disponibles en ligne, tout en appliquant des méthodologies rigoureuses pour extraire des renseignements pertinents.

Les exercices de simulation sont également un élément clé de ces formations. Ils simulent des situations de crise où les participants doivent réagir rapidement et de manière efficace. Ces exercices permettent de tester les capacités d'analyse et de prise de décision des participants sous pression, tout en les familiarisant avec les outils et techniques d'OSINT. Les participants apprennent à utiliser des moteurs de recherche avancés, à exploiter les réseaux sociaux, et à cartographier des données pour identifier des tendances et des connexions cachées.

De plus, les formations en OSINT incluent souvent des compétitions de type Capture The Flag (CTF). Ces compétitions encouragent le développement de réflexes analytiques et la collaboration en équipe. En travaillant ensemble pour résoudre des problèmes complexes, les participants apprennent à partager les tâches, à communiquer efficacement, et à combiner leurs forces pour atteindre des objectifs communs. Les CTF sont un excellent moyen de motiver les participants tout en renforçant leur compréhension des concepts d'OSINT.

Enfin, l'accent est mis sur l'importance de l'éthique et de la légalité dans l'application des techniques d'OSINT. Les participants sont formés pour respecter les cadres légaux et éthiques tout en menant des enquêtes. Cela inclut une compréhension approfondie des lois sur la protection des données, des considérations de vie privée, et des implications éthiques de l'utilisation de l'information en source ouverte.

Les formations pratiques en OSINT sont donc essentielles pour préparer les analystes aux défis complexes du renseignement moderne. Elles fournissent un cadre structuré pour développer des compétences analytiques, techniques et éthiques nécessaires dans le domaine de l'intelligence en sources ouvertes. En combinant théorie et pratique, ces programmes de formation visent à créer des professionnels compétents et responsables, prêts à relever les défis posés par la prolifération de l'information numérique.

Soutien aux Forces de l'Ordre

L'importance de l'OSINT pour les forces de l'ordre réside dans sa capacité à fournir un accès immédiat et vaste à des informations cruciales qui peuvent être exploitées pour diverses opérations de sécurité. Dans un monde où la technologie évolue rapidement, les forces de l'ordre doivent s'adapter pour rester efficaces face aux nouvelles formes de criminalité. L'OSINT, en tant que discipline d'investigation, offre des outils et des méthodes permettant de recueillir, analyser et interpréter des données publiques disponibles en ligne.

Les agents de sécurité utilisent l'OSINT pour identifier et surveiller les activités suspectes. Grâce à des techniques avancées de recherche et de collecte de données, ils peuvent accéder à des informations pertinentes sur des individus ou des groupes potentiellement dangereux. Cette méthode inclut l'analyse des réseaux sociaux, où les agents peuvent détecter des comportements suspects ou des signes précurseurs d'activités criminelles. La surveillance des plateformes en ligne permet également de repérer des tendances ou des mouvements qui pourraient constituer une menace pour la sécurité publique.

L'utilisation de l'OSINT ne se limite pas à la détection des menaces potentielles. Elle joue également un rôle crucial dans la prévention des crimes. En analysant les données collectées, les forces de l'ordre peuvent anticiper les actions criminelles et mettre en place des stratégies pour empêcher leur réalisation. Cela se traduit par une approche proactive de la sécurité, où la prévention est privilégiée par rapport à la réaction.

En outre, l'OSINT offre une aide précieuse dans les enquêtes post-incident. Les analystes peuvent reconstituer les événements à partir des traces numériques laissées par les suspects. Ces empreintes, qu'il s'agisse de publications sur les réseaux sociaux, d'historiques de navigation ou de communications en ligne, fournissent des indices essentiels pour résoudre les enquêtes criminelles. Les données recueillies de manière légale et éthique peuvent être utilisées comme preuves dans les procédures judiciaires, renforçant ainsi les dossiers des procureurs.

La formation des agents aux techniques d'OSINT est essentielle pour maximiser l'efficacité de ces outils. Une formation adéquate permet aux forces de l'ordre de naviguer dans l'immense volume d'informations disponibles sur le web et de distinguer les données pertinentes des informations superflues. Cela inclut l'apprentissage des meilleures pratiques en matière de sécurité numérique et de protection de la vie privée, garantissant que les enquêtes sont menées de manière responsable et respectueuse des droits individuels.

En somme, l'OSINT représente un atout stratégique indispensable pour les forces de l'ordre dans la lutte contre la criminalité moderne. En intégrant ces techniques dans leurs opérations quotidiennes, les agents peuvent améliorer leur capacité à assurer la sécurité publique et à protéger les citoyens contre diverses menaces. La collaboration inter-agences et le partage d'informations augmentent également l'efficacité des actions menées, créant une synergie qui renforce la sécurité collective.

Amélioration des Capacités d'Investigation

Dans le domaine des enquêtes modernes, l'amélioration des capacités d'investigation repose sur l'exploitation efficace des outils d'intelligence en sources ouvertes (OSINT). Cette approche permet aux analystes de naviguer dans un océan d'informations disponibles publiquement pour extraire des données pertinentes et exploitables. L'objectif est de transformer ces données brutes en informations précieuses qui peuvent éclairer les décisions stratégiques et opérationnelles.

Pour commencer, il est crucial de bien structurer le processus d'investigation. Cela implique de définir clairement les objectifs de l'enquête et de s'assurer que toutes les actions entreprises respectent les cadres légaux en vigueur. La planification est une étape fondamentale où les analystes établissent les lignes directrices de leur recherche, identifiant les sources potentielles et les outils nécessaires pour collecter les données.

La collecte de données constitue la phase suivante, où l'utilisation d'outils OSINT est primordiale. Ces outils permettent de rassembler une multitude d'informations provenant de diverses plateformes telles que les réseaux sociaux, les bases de données publiques, et même le dark web. L'analyse des données collectées est ensuite effectuée pour déceler des anomalies ou des schémas significatifs. Cette étape critique nécessite une attention particulière aux détails afin de s'assurer que les informations sont interprétées correctement et mises en contexte.

Une fois les données analysées, la vérification devient essentielle. Elle consiste à s'assurer de l'authenticité et de la pertinence des informations afin de garantir des conclusions solides. Cette étape peut impliquer la validation croisée des sources, la vérification des métadonnées, et l'analyse des contenus numériques pour repérer d'éventuelles manipulations ou désinformations.

L'amélioration continue des capacités d'investigation passe également par l'adoption de nouvelles technologies et pratiques. Les avancées en matière de cybersécurité et de surveillance comportementale permettent une identification précoce des menaces potentielles. De plus, l'intégration d'outils spécialisés comme Maltego facilite la cartographie des relations complexes entre individus, organisations et événements.

Enfin, l'un des défis majeurs de l'amélioration des capacités d'investigation réside dans le développement des compétences analytiques et cognitives des enquêteurs. Comprendre les biais cognitifs, utiliser la pensée critique, et développer une approche méthodique sont des compétences essentielles pour éviter les erreurs d'interprétation et prendre des décisions éclairées.

Ainsi, l'amélioration des capacités d'investigation dans le cadre de l'OSINT est un processus dynamique qui nécessite une formation continue, une adaptation aux nouvelles menaces, et une utilisation stratégique des technologies disponibles. Cette démarche permet non seulement de répondre aux besoins actuels en matière de renseignement, mais aussi de se préparer aux défis futurs dans un environnement numérique en constante évolution.

Méthodologies Adaptées

Dans le cadre de l'investigation OSINT, l'adaptation des méthodologies est cruciale pour répondre à l'évolution constante des menaces et à la diversité des sources d'information. Les analystes doivent intégrer une approche flexible et dynamique, permettant d'ajuster les outils et les techniques en fonction des particularités de chaque enquête. L'une des premières étapes consiste à évaluer le contexte de l'investigation, en identifiant les objectifs spécifiques et les contraintes légales qui s'y rattachent. Cela inclut la compréhension des enjeux culturels, politiques et technologiques qui peuvent influencer la collecte et l'analyse des données.

L'utilisation d'outils OSINT variés est essentielle pour une collecte de données efficace. Les moteurs de recherche avancés, les plateformes de médias sociaux et les bases de données ouvertes sont autant de ressources à exploiter. Cependant, il est crucial de maîtriser les techniques de recherche spécifiques à chaque outil pour maximiser l'efficacité de la collecte. Par exemple, le Google Dorking permet d'extraire des informations cachées grâce à des requêtes précises, tandis que l'utilisation de scripts automatisés peut accélérer le processus de collecte tout en réduisant les erreurs humaines.

L'analyse des données requiert une méthodologie rigoureuse pour transformer les informations brutes en insights exploitables. Cela implique l'emploi de techniques d'analyse qualitative et quantitative, permettant de détecter les tendances, les anomalies et les connexions cachées entre les différents éléments de l'enquête. La validation des sources est également un aspect fondamental, nécessitant un processus de vérification croisé pour s'assurer de l'authenticité et de la pertinence des informations collectées.

La vérification des informations ne se limite pas à confirmer la véracité des données, mais englobe également la détection des tentatives de désinformation et de manipulation. Les analystes doivent être capables de reconnaître les biais et les narratifs coordonnés qui cherchent à influencer l'opinion publique ou à masquer des activités illégales. Cela nécessite une compréhension approfondie des dynamiques de l'information et des stratégies d'influence utilisées par les acteurs malveillants.

En parallèle, l'évolution rapide des technologies impose une veille continue sur les nouvelles méthodes et outils disponibles pour l'OSINT. Les analystes doivent se former régulièrement aux innovations technologiques et aux meilleures pratiques pour maintenir leur expertise à jour. Les formations spécialisées et les exercices pratiques, tels que les simulations en environnement hostile, permettent de développer les compétences nécessaires pour faire face aux défis complexes de l'investigation moderne.

Enfin, la collaboration et le partage d'informations entre les différentes entités impliquées dans l'OSINT sont essentiels pour enrichir les analyses et renforcer la résilience face aux menaces émergentes. Les réseaux de coopération, qu'ils soient nationaux ou internationaux, offrent une plateforme pour échanger des connaissances, des techniques et des expériences, contribuant ainsi à l'amélioration continue des méthodologies OSINT.

Chapitre 15: Conclusion et Perspectives

OSINT et Intelligence Artificielle

Dans le domaine de l'intelligence en sources ouvertes (OSINT), l'intégration de l'intelligence artificielle (IA) représente une avancée significative, transformant la manière dont les données sont collectées, analysées et exploitées. L'OSINT, qui repose sur l'accès à des informations publiques disponibles sur internet, tire désormais parti des capacités de traitement et d'analyse de l'IA pour améliorer l'efficacité et la précision des investigations.

Les algorithmes d'IA sont particulièrement efficaces pour gérer de vastes quantités de données non structurées, telles que celles issues des réseaux sociaux, des forums en ligne, et des bases de données publiques. En utilisant des techniques de traitement du langage naturel (NLP), l'IA peut analyser les textes pour identifier des tendances, des sentiments et des sujets émergents. Cela permet aux analystes OSINT de découvrir des informations pertinentes qui pourraient ne pas être immédiatement visibles à l'œil humain.

En outre, l'IA améliore la capacité de l'OSINT à détecter et à anticiper les menaces. Grâce à l'apprentissage automatique, les systèmes peuvent apprendre à reconnaître des schémas de comportement suspects ou anormaux, facilitant ainsi la détection précoce des activités criminelles ou terroristes. Par exemple, en analysant les interactions sur les réseaux sociaux, l'IA peut identifier des groupes ou des individus potentiellement dangereux qui utilisent des techniques de désinformation ou de manipulation.

La reconnaissance d'images et de vidéos est un autre domaine où l'IA joue un rôle crucial. Les technologies de vision par ordinateur permettent d'extraire des informations à partir de contenus visuels, comme l'identification de personnes, de lieux ou d'objets d'intérêt. Cela est particulièrement utile dans les enquêtes où les preuves visuelles sont abondantes mais difficiles à analyser manuellement.

Cependant, l'intégration de l'IA dans l'OSINT n'est pas sans défis. La qualité et l'exactitude des analyses dépendent fortement des données d'entrée. Les biais présents dans les données peuvent conduire à des conclusions erronées. De plus, il est essentiel de garantir la transparence et l'explicabilité des algorithmes d'IA, surtout dans les contextes sensibles où les décisions peuvent avoir des conséquences importantes.

Ainsi, bien que l'intelligence artificielle offre des avantages considérables pour l'OSINT, elle nécessite une approche équilibrée et réfléchie. Les analystes doivent être formés pour comprendre les capacités et les limites des outils d'IA, et pour combiner ces technologies avec leur expertise humaine. L'avenir de l'OSINT réside dans cette collaboration homme-machine, où l'IA agit comme un amplificateur des capacités analytiques humaines, permettant de naviguer dans l'immense océan d'informations disponibles pour en extraire des insights précieux et exploitables.

Anticipation des Futures Menaces

Dans un monde de plus en plus interconnecté, l'anticipation des menaces futures devient un pilier essentiel pour garantir la sécurité des nations et des individus. Au cœur de cette approche se trouve l'exploitation de l'intelligence en sources ouvertes, ou OSINT, qui permet de détecter et d'analyser les signaux faibles avant qu'ils ne se transforment en menaces concrètes. L'OSINT, en tant que méthode d'investigation, offre une vue d'ensemble des dynamiques en jeu, qu'elles soient politiques, économiques ou sociales.

L'anticipation des menaces repose sur la capacité à identifier les tendances émergentes et à comprendre les interconnexions invisibles entre divers acteurs. Grâce à des outils spécialisés comme Maltego, il est possible de cartographier ces relations, révélant ainsi des connexions souvent ignorées à première vue. Cela permet non seulement de prévoir les mouvements potentiels des acteurs malveillants, mais aussi de renforcer les stratégies de défense en amont.

La montée en puissance de la cybersécurité proactive illustre parfaitement cette évolution. En ne se limitant plus à la simple réaction face aux incidents, les analystes OSINT jouent désormais un rôle clé dans la prévention des menaces. La surveillance comportementale, alliée à la collecte de données en sources ouvertes, facilite l'identification précoce des comportements criminels. Ainsi, les analystes peuvent intervenir avant que des actions nuisibles ne soient entreprises, renforçant ainsi la résilience des systèmes de sécurité.

L'intégration de l'OSINT dans les enquêtes de cybersécurité et de criminalistique a également transformé la manière dont les menaces sont perçues et abordées. Les empreintes numériques laissées par les individus deviennent des indices précieux pour les enquêteurs. Grâce à des techniques de forensic numérique, il est possible de récupérer et d'analyser des preuves électroniques, établissant ainsi un lien entre les actions en ligne et les activités criminelles.

L'évolution des techniques d'enquête vers une convergence entre le profilage criminel et la cybercriminalité souligne l'importance de l'OSINT dans l'anticipation des menaces futures. Les criminels, qu'ils agissent en ligne ou hors ligne, laissent des traces numériques exploitables. L'analyse comportementale, couplée à ces données numériques, permet d'anticiper les actions des suspects, offrant ainsi une longueur d'avance aux forces de l'ordre et aux experts en cybersécurité.

En somme, l'anticipation des futures menaces par l'OSINT repose sur une compréhension approfondie des dynamiques actuelles et une capacité à prévoir les évolutions possibles. En renforçant les capacités d'analyse et en améliorant les outils technologiques, il est possible de créer un environnement où les menaces peuvent être neutralisées avant même de se matérialiser. C'est cette vision proactive qui guide la stratégie de formation sur l'OSINT, assurant que les analystes soient toujours prêts à faire face aux défis à venir.

Adaptabilité et Innovation Continue

Dans le domaine de l'OSINT, l'adaptabilité et l'innovation continue sont des éléments cruciaux pour rester à la pointe de l'investigation en sources ouvertes. Les analystes doivent constamment renouveler leurs méthodes et outils pour faire face à l'évolution rapide des technologies et des stratégies utilisées par les cybercriminels. Cette capacité à s'adapter est essentielle pour anticiper et contrer les nouvelles menaces qui émergent dans le paysage numérique mondial.

L'un des aspects clés de cette adaptabilité réside dans l'intégration de nouvelles technologies et méthodologies dans les processus d'analyse. Par exemple, l'utilisation de l'intelligence artificielle et de l'apprentissage automatique permet d'automatiser certaines tâches de collecte et d'analyse de données, libérant ainsi du temps pour les analystes qui peuvent se concentrer sur des investigations plus complexes. De plus, ces technologies facilitent l'identification des schémas et des anomalies dans de vastes ensembles de données, améliorant ainsi la précision et l'efficacité des enquêtes.

L'innovation continue est également encouragée par la participation à des formations régulières et à des compétitions telles que les événements "Capture The Flag" (CTF). Ces activités offrent aux analystes l'opportunité de tester leurs compétences dans des environnements simulés, en affrontant des scénarios réalistes de cyberattaques et de désinformation. En travaillant en équipe, les participants développent des réflexes analytiques et apprennent à répartir efficacement les rôles pour résoudre des défis complexes.

En parallèle, l'importance de la collaboration interdisciplinaire ne peut être sous-estimée. Les cellules OSINT doivent inclure des experts de divers domaines, tels que la cybersécurité, la psychologie, et le droit, pour enrichir l'analyse et la prise de décision. Cette diversité de perspectives permet d'aborder les problématiques sous différents angles et d'élaborer des stratégies plus robustes face aux menaces multidimensionnelles.

Dans ce contexte dynamique, la mise en place d'une veille technologique et concurrentielle est indispensable. Elle permet de surveiller les nouvelles tendances et innovations dans le domaine de l'OSINT, ainsi que les évolutions des techniques de cybercriminalité. Les analystes doivent être à l'affût des nouvelles vulnérabilités et des opportunités d'amélioration de leurs pratiques.

Enfin, l'adaptabilité et l'innovation continue nécessitent une culture organisationnelle qui valorise l'apprentissage et l'expérimentation. Les erreurs doivent être considérées comme des opportunités d'apprentissage, et les succès partagés pour renforcer l'engagement et la motivation des équipes. En cultivant un environnement propice à l'innovation, les organisations peuvent non seulement améliorer leur capacité de réponse aux menaces actuelles, mais aussi se préparer aux défis de demain dans le monde complexe de l'OSINT.

Importance de l'Adaptabilité

Dans le contexte de l'OSINT, l'adaptabilité se révèle être une compétence essentielle pour les analystes cherchant à naviguer dans un environnement en constante évolution et rempli de défis imprévisibles. L'importance de cette qualité réside dans la capacité à répondre efficacement aux changements rapides du paysage informationnel et technologique. Les analystes doivent être prêts à ajuster leurs méthodes et leurs outils pour rester pertinents face aux nouvelles menaces et aux innovations constantes dans le domaine de la sécurité de l'information.

L'adaptabilité se manifeste d'abord par la capacité à comprendre et à intégrer de nouvelles technologies dans les pratiques d'analyse. Les outils d'OSINT évoluent rapidement, avec l'émergence de logiciels plus sophistiqués et de méthodes d'analyse avancées. Les analystes doivent ainsi être en mesure d'apprendre et de maîtriser ces nouvelles technologies pour améliorer l'efficacité de leurs enquêtes. Cela nécessite une formation continue et une ouverture d'esprit pour explorer des solutions innovantes et non conventionnelles.

En outre, l'adaptabilité implique également une flexibilité cognitive, permettant aux analystes de revoir et de modifier leurs hypothèses à mesure que de nouvelles informations deviennent disponibles. Cette flexibilité est cruciale pour éviter les biais cognitifs qui peuvent nuire à l'objectivité de l'analyse. Une approche adaptable permet de réévaluer les preuves et de reformuler les stratégies en réponse à des données nouvelles ou contradictoires, garantissant ainsi une analyse plus précise et complète.

Une autre dimension de l'adaptabilité est la capacité à travailler efficacement dans différents contextes culturels et linguistiques. L'OSINT implique souvent l'analyse de sources d'information provenant de diverses régions du monde. Les analystes doivent donc être capables de comprendre et d'interpréter des informations dans un cadre culturel spécifique, ce qui peut nécessiter l'acquisition de compétences linguistiques ou la collaboration avec des experts culturels pour éviter les malentendus et les erreurs d'interprétation.

L'adaptabilité est également essentielle dans la gestion des pressions et des incertitudes inhérentes au travail en OSINT. Les analystes sont souvent confrontés à des délais serrés et à des volumes massifs de données à traiter. La capacité à prioriser les tâches, à gérer le stress et à maintenir une efficacité opérationnelle élevée sont des aspects clés de l'adaptabilité qui contribuent à la réussite des missions d'OSINT.

Enfin, l'adaptabilité se traduit par une disposition à embrasser le changement organisationnel et à contribuer à l'innovation au sein de l'équipe ou de l'organisation. Les analystes adaptables participent activement à l'amélioration des processus et des stratégies, partageant leurs expériences et leurs idées pour renforcer la résilience et l'efficacité de l'équipe face aux défis futurs. En adoptant une approche proactive, ils jouent un rôle crucial dans l'évolution des pratiques d'OSINT, assurant ainsi que l'organisation reste à l'avant-garde dans le domaine de l'intelligence en sources ouvertes.

Perspectives Futures

Dans un monde où l'information est devenue une ressource stratégique majeure, l'OSINT (Open Source Intelligence) occupe une place cruciale dans la prévention et l'analyse des menaces futures. Les tendances actuelles indiquent une intégration croissante de l'intelligence artificielle et de l'apprentissage automatique dans les processus OSINT, permettant une automatisation accrue de la collecte et de l'analyse des données. Cette évolution technologique offre des perspectives prometteuses pour améliorer l'efficacité et la rapidité des réponses aux menaces émergentes.

L'une des principales avancées envisagées est l'usage intensifié des algorithmes d'apprentissage automatique pour trier et analyser d'énormes volumes de données ouvertes. Ces algorithmes, capables de détecter des schémas et des anomalies invisibles à l'œil humain, sont essentiels pour anticiper les menaces avant qu'elles ne se concrétisent. Par exemple, en analysant les tendances sur les réseaux sociaux, les outils basés sur l'IA peuvent identifier des mouvements potentiellement dangereux ou des campagnes de désinformation coordonnées.

Par ailleurs, l'OSINT se dirige vers une collaboration plus étroite avec d'autres disciplines de renseignement, telles que la SIGINT (Signal Intelligence) et la HUMINT (Human Intelligence). Cette convergence permettra une vision plus holistique des menaces, en combinant les forces de chaque discipline pour créer un réseau de renseignement imbriqué et réactif. La capacité d'intégrer des données provenant de diverses sources augmentera la précision des analyses et renforcera la fiabilité des décisions prises sur la base des informations recueillies.

Le développement de plateformes OSINT interopérables est également une priorité. Ces plateformes permettront aux analystes de partager des informations en temps réel et de collaborer efficacement, même à distance. L'interopérabilité facilitera l'échange de données entre différentes entités gouvernementales et privées, renforçant ainsi la résilience collective face aux cybermenaces croissantes.

En outre, la formation continue et l'adaptabilité des analystes OSINT seront essentielles pour faire face à l'évolution rapide de l'environnement numérique. Les analystes devront non seulement maîtriser les nouveaux outils technologiques, mais aussi être capables d'adapter leur méthodologie à des contextes changeants et à des menaces imprévues. Les programmes de formation devront intégrer des modules sur les nouvelles technologies, les tendances émergentes et les meilleures pratiques pour rester à la pointe des capacités d'investigation.

Enfin, la protection de la vie privée et l'éthique de l'OSINT resteront des préoccupations centrales. Alors que les capacités d'analyse s'améliorent, il sera crucial de veiller à ce que les pratiques d'OSINT respectent les droits individuels et les législations en matière de protection des données. Les professionnels de l'OSINT devront naviguer dans ce paysage complexe avec discernement, en équilibrant la sécurité nationale et la protection des libertés civiles.

Ainsi, l'avenir de l'OSINT se dessine comme un domaine en pleine expansion, riche en innovations et en défis. Il représente un pilier essentiel pour la sécurité nationale et internationale, nécessitant une attention continue et une adaptation proactive aux évolutions technologiques et sociétales.

www.ingramcontent.com/pod-product-compliance
Lightning Source LLC
LaVergne TN
LVHW051658050326
832903LV00032B/3882

* 9 7 9 8 3 1 2 2 5 0 5 1 0 *